PROLOGUE

50m走のタイムを1.5秒、100m走のタイムを
2.5秒短縮してきた、
ピッチングの球速を30km/hスピードアップ
させてきた、
様々な競技で、才能が無い選手の競技
パフォーマンスを後天的かつ桁違いに
向上させてきた、
そして、才能という言葉を抹消してきた
トップシークレットを！
競技パフォーマンスを向上させる
スペシャリストが
世界ではじめて公開します
才能がある選手を予定通り一流にしたり、
部活の補欠選手をレギュラーにする
ノウハウではなく、
才能がない部活の補欠選手を
ワールドクラスの選手に導く
トップシークレットを！
世界ではじめて公開します

部活で補欠だった人を
ワールドクラスの選手にする本

スーパーアスリートへの方程式
全競技向け

相川宗大 著
井田総合研究所

目　次

はじめに ……………………………………………………………………………… 7
　スポーツ界のこれまでの常識 …………………………………………………… 7
　現在のスポーツ界のやり方では、世界に通用するアスリートは育てられない …… 7
　では、どうしたら競技パフォーマンスを桁違いに向上できるのでしょうか？ ……… 9

第1章　ワールドクラスの選手と日の目を見ずに終わる選手　〜その違いとは?!〜
　……………………………………………………………………………………… 12
　❶ 自動操縦と手動操縦 …………………………………………………………… 12
　❷ 自動操縦でプレイするメリット ……………………………………………… 13
　❸ 手動操縦でプレイするデメリット …………………………………………… 15
　　コラム1　応用が利かない、サッカーの日本代表 ………………………… 16
　　コラム2　"転んだとき、手を地面につく動作"が無意識で行われ
　　　　　　 る場合と意識的に行われる場合の違い！ …………………… 17
　　コラム3　有名選手を指導した経歴がある指導者に習うと、才能
　　　　　　 がない選手でも一流選手になれるのか？ ………………… 18
　　コラム4　どのようなトレーニングを行っても、トレーニングでは競技
　　　　　　 パフォーマンスを飛躍的には向上できない！ ………………… 20
　　コラム5　解析はできても、選手のパフォーマンスを向上させること
　　　　　　 ができない専門家 …………………………………………… 21
　　コラム6　練習量を増やす以外にパフォーマンスを向上させる方法
　　　　　　 を知らない日本の運動指導者 …………………………… 21

第2章　自動操縦で運動するには 1 〜全身をリラックスさせる〜
　……………………………………………………………………………………… 23
　❶ 自動操縦マスターの基本的な考え方 ………………………………………… 23
　❷ 自動操縦を妨害する最大の要因は？ ………………………………………… 23
　❸ 全身をリラックスさせる方法 ………………………………………………… 24
　　(1) 重心の正しい位置 ………………………………………………………… 25
　　(2) 重心の間違った位置 ……………………………………………………… 28

❹ 重心を正しく坐骨の上に乗せる方法 33
❺ 重心を坐骨の真上に乗せる練習 36
　　《負の自動操縦〜特別注記〜》 38
　　コラム 7　ウェートトレーニングのように筋をある程度収縮させた状
　　　　　　態から、さらに収縮させるような動きでは、大きなパワー
　　　　　　は発揮できない。 39

第3章　自動操縦で運動するには 2
　　　　〜特定の部位を単独で動かしたり、意識したりしない〜 40
❶ 特定部位を単独で動かしたり、意識することの致命的デメリット 40
❷ 特定部位を意識させる間違った指導法 40
❸ 具体的な実施方法 47
　(1) スプリント動作における実施方法 48
　(2) サッカー、バスケットボールにおける実施方法 57
　　1) サッカーでの実施方法 57
　　2) バスケットボールの（走りこむ）ドリブル動作での実施方法 66
　(3) ピッチングにおける実施方法 70
❹ 自動操縦の作動を妨害するトレーニング 80
　(1) ウェートトレーニング 80
　(2) ラダートレーニング 82
　　コラム 8　解剖学的な見方でしか運動をとらえることができない専
　　　　　　門家や指導者！ 44
　　コラム 9　バーベルを担いでスクワットを行うスポーツ選手！ 45
　　コラム 10　理性は感性にはかなわない！ 50
　　コラム 11　頑張ってがむしゃらに動くと、速く動くことができるのか？ 53
　　コラム 12　スタビライゼーショントレーニングを行えば、走ったり動い
　　　　　　　ている時のボディバランスがよくなるのか？ 56
　　コラム 13　毎日練習する大学や高校の陸上部のスプリンター 56
　　コラム 14　積上げ式練習が好きな日本のスポーツ界 63
　　コラム 15　重心を固定し、腕を稼動させるベンチプレス 75
　　コラム 16　地面（床）を蹴ることなく重心を移動させる！ 79

4

コラム 17　スタミナをつけるために、ダッシュだけを繰り返すスポーツ選手 …… 83

第4章　自動操縦で運動するには 3
　　　〜アクセント（強弱）のあるリズムを使って動く〜 …………………… 85
❶ リズムを使った動きの必要性 ………………………………………………… 85
❷ 自動操縦を作動しやすくするリズム ………………………………………… 88
❸ アクセント（強弱）のあるリズムでプレイする方法〜競技別説明 ……… 89
　（1）スプリント ………………………………………………………………… 89
　（2）サッカー …………………………………………………………………… 95
　（3）バスケットボール ……………………………………………………… 102
　（4）ボクシング ……………………………………………………………… 111
　（5）フルコンタクト空手 …………………………………………………… 115
　（6）柔道 ……………………………………………………………………… 122
　　　コラム 18　サッカーの日本代表とブラジル代表の違い …………… 85
　　　コラム 19　ウサイン・ボルト選手のように桁違いに速く走るには！ …… 90
　　　コラム 20　アクセントのあるリズムで動くことができない日本のバスケットボール選手 …… 107
　　　コラム 21　個人能力の低さを組織でカバーすることしか考えない日本の集団球技 …… 109
　　　コラム 22　激しく動き回っている時、発揮できるパワーの大きさは筋力とは関係ない！ …… 124
　　　コラム 23　食べて行くのが厳しい、スポーツ選手のコーチやトレーナー …… 126
　　　コラム 24　スタンス（足幅）を広げて構える日本のサッカーやバスケットボールの選手 …… 128
　　　《日本人に合ったやり方〜特別注記〜》 ……………………………… 129
　　　コラム 25　関節可動域を広げれば、パフォーマンスも向上するのか？ …… 130

終わりに ………………………………………………………………………… 132
図解一覧 ………………………………………………………………………… 136
INDEX …………………………………………………………………………… 138

はじめに

スポーツ界のこれまでの常識

『競技パフォーマンスのレベルは、それぞれの運動選手の生まれ持った才能でほとんどが決まってしまう！

後天的な努力で向上できるのはごくわずかで、才能に恵まれなければどんなに努力しても、ワールドクラスの選手にはなれない！』

これがスポーツ界の常識であり、現実でした。

少なくとも、この本が出版されるまでは！

なぜ、選手のパフォーマンスのレベルは生まれ持った才能でほとんどが決まっていたのでしょうか？

それは──

"トップに登り詰める選手とそうでない選手との決定的な違い"と"その違いを埋める方法"を誰も知らなかったため、ひたすら練習するか、新しいトレーニングを行うか、動作（フォーム）を改善するくらいのことしかできなかったからです。

"選手の競技パフォーマンスのレベルが才能でほとんど決まっていた"のは、このためだと筆者は考えています。

現在のスポーツ界のやり方では、世界に通用するアスリートは育てられない

『人の何倍も練習すれば、競技パフォーマンスを向上させることができる。たくさん練習しろ！』

このように指導する指導者がたくさんいます。

確かに練習量を増やせば、パフォーマンスが少しは向上するかもしれません。

しかし、練習量を増やすだけでは、才能のない選手がワールドクラスの選手にはなることはできないでしょう。

現在、スポーツ界では次々に新しいトレーニング法が開発され、様々なトレー

ニングが行われております。

　筋力を強化するウェートトレーニング※1、俊敏さを養うと言われているアジリティトレーニング※2、ボディバランスを向上させるとされているスタビライゼーショントレーニング※3、関節可動域を広げるPNF※4など……。

　これらのトレーニングを全て徹底的に行えば、才能に恵まれない選手がワールドクラスの選手になれるのでしょうか？

　ウェートトレーニングで筋力を強化し、アジリティトレーニングで俊敏さを養い、スタビライゼーショントレーニングでボディバランスを向上させ、PNFで関節の可動域を広げれば、部活の補欠選手がロナウド（サッカーのブラジル代表）やボルト（ジャマイカのスプリンター100mと200mの世界記録保持者）のような選手になれるのでしょうか？

　いずれも答は"No."であることは誰でもわかります。

　また最近よく大学の先生や学者が、バイオメカニクス（生体力学）※5を使って、スポーツ選手の動き（フォーム）を改善することに取り組んでいます。

　バイオメカニクスを使って動き（フォーム）を合理化すれば、競技パフォーマンスを大幅に向上させることができるのでしょうか？

　こちらも"No."だと思います。

　確かにトップレベルの選手は合理的な動きを行えている人が多いのですが、彼ら（彼女ら）は合理的な動きを意識的に行おうとしているわけではありません。

　トップ選手の動きは結果的に合理的になっているだけなのです。

※1　ウェートトレーニング：バーベル、ダンベル、マシンなどを利用して筋肉に負荷をかけ、筋力を強めまたは筋肉を増やすことを目的とするトレーニング
※2　アジリティトレーニング：(agility training) 敏捷性（運動競技のパフォーマンスにおける停止や方向転換などを含む動きのスピードを発揮できる能力）を高めることができると言われるトレーニング（例：ラダー、ミニハードルを使ったトレーニング）
※3　スタビライゼーショントレーニング：(stabilization training) ボディバランスを向上させるために開発されたバランスボールやバランスディスクの上に乗って、バランス感覚を養うトレーニング
※4　PNF（ピーエヌエフ）：固有受容性神経筋促通法（proprioceptive neuromuscular facilitation）筋肉を数秒間収縮させた後、数秒間ストレッチさせる手技で、関節の可動域を効果的に広げることができると言われている。
※5　バイオメカニクス（生体力学）：(biomechanics) 生物の体の構造や運動を力学的に研究し、その研究成果を多方面において応用しようとする学問

動きを意識的に作ろうとすれば、体に無駄な力が入るために動きが悪くなってしまいます。

外見上の動きが合理化されても、体に無駄な力が入ればパフォーマンスを向上させることはできません。

『たくさん練習する』『最新の科学的（？）なトレーニングを行う』『動作を改善する』――現在スポーツ界で行われているこれらのことでは、競技パフォーマンスを少しは向上できても、桁違いには向上できないと、筆者は考えています。

豊富な練習や最新の科学的（？）トレーニングやバイオメカニクスを用いた動作改善が、才能に恵まれない選手をワールドクラスの選手へ導いてくれるわけではないのです。

では、どうしたら競技パフォーマンスを桁違いに向上できるのでしょうか？

才能に恵まれない選手がワールドクラスの選手になるには、どうしたらいいのでしょうか？

その答は、――
本書を読んで相川式のカイゼンを行うことです。
他には方法がありません。

"ワールドクラスに登り詰める選手と部活の補欠で終わってしまう選手の決定的な違いは何なのか？"

"そして、その違いを埋めて部活の補欠選手がワールドクラスの選手になるには　どうしたらいいのか？"

今まで才能という言葉でごまかされ、決して解き明かされることがなかった、これらのスポーツ界最大の疑問に対して、本書が世界で初めて答えを出しました。

本書はトップアスリートと一般の選手との違いを説明するだけではなく、トップアスリートとのギャップを埋めるための具体的な方法・ノウハウを公開しています。

多くの評論家や学者の本では、トップアスリートと一般選手との違いを説明するだけで、その差を埋める方法という肝心なことが書かれていません。そのよう

な本を読んでも『なるほど』と思うだけで、競技パフォーマンスを向上させることはできません。

　本書は、才能ある選手を予定通り一流にしたコーチや初めから強かった選手を指導し名前を売ったトレーナーが書いた本ではありません。（才能ある選手を一流選手にしたノウハウが才能のない選手を一流選手に導いてくれるとは限りません。また初めから強かった選手を指導した経歴がその指導者の強化方法の有効性を表すわけではもちろんありません。）

　本書の筆者は選手の競技パフォーマンスを後天的に向上させることを本業とし、才能がない数々の選手のパフォーマンスを後天的かつ桁違いに向上させてきたストレングスコーチです。その指導は、成功報酬制※6というシステムで行っています。

　指導者にとって大変に過酷な指導システムである成功報酬制によって、筆者が死に物狂いで結果を出そうとして確立したノウハウ＝相川式カイゼンが本書には詰まっています。

　本書を読んで相川式のカイゼンを行えば、全ての運動競技で才能のない選手が競技パフォーマンスを桁違いに向上させ、ワールドクラスの選手になることですら夢ではなくなります。

　本書に書かれたカイゼンを行うことは簡単なことではありません。
　『簡単に○○○できる』『すぐに習得できる』と書かれたマニュアル本が巷（ちまた）に溢（あふ）れていますが、筆者は安易なことは言いません。本書に書かれた相川式カイゼンは簡単に、あるいはすぐに実行して身につくものではありません。
　しかし、相川式カイゼンは『トップアスリートになりたい』という強い意志をもって取り組めば、才能の有無にかかわらず、誰にでも実現できるものだと筆者

※6　成功報酬制：筆者は選手を指導するにあたり、業界では例を見ない成功報酬制を採用しています。指導した時間に対して報酬を受け取る通常のトレーナーやコーチと違い、指導した結果に対して報酬を受け取っています。
　　　具体的な目標（例えば、100m走のタイムを12.3秒→10.8秒まで1.5秒短縮する。ピッチングの球速を115 km/h→145 km/hまで30 km/hスピードアップさせる。3年以内に全日本チャンピオンにするなど）を設定して指導し、目標が達成されたときだけ報酬を受け取ります。
　　　もし目標を達成できなければ、何千時間指導しても、ただ働きとなってしまいます。

は確信しています。

　才能の有無にかかわらず『トップアスリートになりたい』という情熱だけは誰にも負けないという方！
　本書を読んで相川式カイゼンを行い、ワールドクラスの選手になって下さい。

第 1 章
ワールドクラスの選手と日の目を見ずに終わる選手
～ その違いとは?! ～

　スポーツ界には年間数億円も稼ぎ出すトップアスリートもいますが、部活の補欠で終わってしまう選手もいます。
　何が"トップアスリートになれるかどうか"を決めてしまうのでしょうか？
　トップアスリートと部活の補欠で終わってしまう選手とでは、一体何が違うのでしょうか？
『練習量が違う！』
『行っているトレーニングが違う！』
『食事が違う！』
『動作（フォーム）改善のやり方が違う！』
　様々な声が聞こえてきそうです。
　確かにこれらのことも少しは違うのかもしれません。
　しかし、これらの違いがトップアスリートになれるか、部活の補欠選手で終わってしまうかを決める決定的な要因ではないと筆者は考えています。
　では、両者では何が違うのでしょうか？

❶ 自動操縦と手動操縦

　皆さんは歩いていて（あるいは走っていて）転んだことがありますか？誰でも一度や二度はそんな経験があると思います。
　転んだとき、多くの場合手を地面か床につきます。手をつくのは身を守る（体が地面や床にぶつかるのを防ぐ）ためですが、意識的に（手をつこうと思って）手をついたわけではないと思います。
　頭で考えて手をついたのではなく、体が勝手に動いたのだと思います。
　このように人間（動物もそうだと思いますが）の体は必要に迫られると、勝手に動くようにできています。トップアスリートが競技を行うときは、転んで思わず手をつくのと同じように体が勝手に動いているのだと筆者は考えています。

第1章　ワールドクラスの選手と日の目を見ずに終わる選手

Attention 1

　ワールドクラスの選手がスーパープレイを行った後、報道陣から『どうしたらあんなすごいプレイができるのですか？』と聞かれ、『何をしたのか？覚えていない！』とか『何が起こったのか？私にもわからない！』と答えていることがありますが、体が勝手に動いていたため、『何をしたのか？』本人にもわからないのだと思います。

　また『自分が一流選手だったからといって、一流選手を育てられるとは限らない』とよく言われますが、一流選手は自分がどうやってプレイしているのかを把握していないため、人にそれを教えることができないのです。

　これに対して、一般の選手は自分で体を動かしてプレイを行っていますが、"自分で体を動かす"のと"体が勝手に動く"では、発揮できるパフォーマンスが天と地ほど違ってきます。

　このことがトップアスリートと一般選手とを分ける最大のものです。

　筆者は体が勝手に動くことを**自動操縦**（じどうそうじゅう）と呼び、自分で体を動かすことを**手動操縦**（しゅどうそうじゅう）と呼んでいますが、自動操縦で動くと実際の競技で何が変わるのでしょうか。

❷ 自動操縦でプレイするメリット

　自動操縦でプレイすることができると、——

① **全ての身体パーツ**[※7]**（全身）が一斉に**

② **状況に応じて勝手に調整されて**

③ **最適な方向に**

④ **最適なタイミングで**

⑤ **(最適なタイミングを維持したまま) 最速で**

⑥ **勝手に動いてくれます。**

　1) 全ての身体パーツが運動に参加し、しかもそれぞれの身体パーツが最適な方向に最適なタイミングをキープして最速で動いてくれると、非常に大きなパワーを正確な方向に発揮することができます。

　ピッチングであれば非常に速い球を正確なコントロールで投げることができるし、パンチであれば非常に強いパンチを狙った場所に確実に当てることができます。

※7　身体パーツ：手や足のように体を構成する体の一部分

サッカーのシュートであれば、非常に強いシュートをねらい通りの場所に正確に決めることができます。
　またすべての身体パーツが最適な方向に最適なタイミングを維持して最速で動いてくれると、直線的なスプリント走(短距離走)で速く走れるのはもちろん、ターンや回り込みなど直線的ではない動きでも、ボディバランス（体のバランス）を崩すことなく、正確に速く行うことができます。
　スプリントのように真直ぐ走る動作でも、ターンのように真直ぐ走らない動作でも、どちらの動作においても、桁違いに速く動ける（走れる）選手になれます。
　しかもこれらのこと（＝すべての身体パーツが最適な方向に最適なタイミングを維持して最速で動くこと）が、2) 状況に応じて勝手に（自動的に）調整されながら行われるので、練習したことがないプレイや予測していなかったプレイを突然行わなければならなくなったときでも、応用がきき、正確に速く、さらにパワーを落とすことなく対応することができます。

①格闘技の試合で練習したことがないコンビネーション（連続技）を出さなければならなくなったとき！
　このようなときでも、練習したことがない連続技を正確に速く繰り出すことができます。
②サッカーの試合で相手チームがこちらの戦術を事前に研究し、こちらが予測していなかった展開をしかけてきて、練習したことがないコンビネーションプレイ（組み合わせのプレイ）を突然行わなければならなくなったとき！
　このようなときでも、練習したことがないコンビネーションプレイをボディバランスを崩すことなく、正確に速く余裕をもって行うことができます。

　また体が勝手に動いてくれると、3) 考えて動く必要がないので、動き出す時のリアクションタイム（反応時間）が非常に短くなるし、連続動作を行う時、リードタイム（次の動作へ移行するのにかかる時間）を置かずに次の動作へ移行することができます。
　頭で考えて（理性で）動くのではなく、感覚（感性）で動く野生動物のように速く反応できる（動き出せる）し、連続動作を途切れることなく流れるように行うことができます。

❸ 手動操縦でプレイするデメリット

一方、自動操縦が使えず、手動操縦でプレイを行うと――

1) 全ての身体パーツを一斉に動かすことができず、動かない身体パーツが出てきます。

運動に参加できない（動かない）身体パーツが出てくると、**発揮されるパワーが小さくなるし、ボディバランスを微調整することができず、激しく動き回るとボディバランスを崩しやすくなります。**

手動操縦では、たとえ 2) 動かすことができる身体パーツであっても、**最適な方向に最適なタイミングで速く動かすことができるわけではありません。**

したがって、手動操縦での動きは、スピードが落ち精度も低くなります。特に激しく動き回ったり、直線以外の複雑な動き（ターンや回り込み）を行うと、そのことが顕著になります。（直線的なスプリントでも、もちろん遅くなります。）

Attention 2

努力家（？）の日本人の中には『反復練習を何万回も行い、しっかり訓練すれば、全ての身体パーツを一斉に動かすことができるようになる！』と思われる方がいるかもしれません。

しかし、どんなに訓練しても、人間の体を構成している 400 前後もある筋肉の全てに、脳から一斉に収縮指示（「筋肉を動かすために脳から送られる指示」を本書では"収縮指示"と呼びます）を送ることなどできるものではありません。

全ての身体パーツをただ一斉に動かすだけでも不可能ですが、それぞれを最適な方向に最適なタイミングで動かすとなると、絶対にできません。

全ての身体パーツを一斉に最適な方向に最適なタイミングで動かすには、体を動かそうとするのではなく、体が勝手に動いてくれるようになるしかありません。

反復練習（日本の選手が得意な？　練習です）を何回も行うと、自動操縦にはかないませんが、少しは正確に速く動けるようになります。しかし、その動きというのは自動操縦によるものではありませんので、3) **状況に応じて勝手に調整されるわけではありません。**

練習していなかった動きを急遽行わなければならなくなると、やはり応用が利かず、正確に速く動くことができなくなります。

コラム❶
応用の利かない、サッカーの日本代表

　サッカーの日本代表はアジアの大会（アジア選手権、ワールドカップやオリンピックのアジア予選など）ではそこそこ勝つことができるのに、世界の大会（ワールドカップの本大会やオリンピックなど）ではなかなか勝つことができません。

　自国で開催した日韓大会を除いて、日本はワールドカップの本大会ではまだ1勝もしていません。

　なぜ、アジアで勝てるのに、世界では勝てないのでしょうか？

　日本代表は多額の資金を投じて、海外遠征や強化試合をたくさん行っているようですが、それでもなぜ世界では勝てないのでしょうか？

　『日本代表は手動操縦で動いているため、応用が利かないから世界では勝てない！』

　このように筆者は考えています。

　日本代表は日頃の練習パターンと同じようなゲーム展開では、正確に速く動くことができるのですが、日頃練習していないような試合展開になると、自動操縦を使えないため応用が利かず、スピードが落ち精度が低い動きしかできなくなってしまいます。

　対戦相手がアジアの国であれば、自分達が普段練習しているのと同じような展開を押し通し、こちらのペースで試合を運ぶことができるのですが、南米や欧州の強豪国が相手であれば、そうはいきません。

　（南米や欧州の）強豪国は日本の試合パターンを読んで、それを崩すような展開をしかけてくるので、日本代表が強豪国と対戦すると、日頃練習していないようなプレイを行わなければならなくなり、正確に速く動くことができなくなってしまいます。

　そうなると、相手（強豪国）に主導権を握られてしまいます。

　日本代表が世界の大会（ワールドカップなど）で活躍しようと思えば、日頃練習していないような試合展開になっても（日頃練習していないようなプレイを行わなければならなくなっても）、正確に速く動けるようにならなければなりません。

　そのためには自動操縦をしっかり身につけ、使えるようになる必要があります。

> **Attention 3**
>
> 日本代表のある選手が『前回のワールドカップでは、ミスをしたから負けた。ミスをしないようにしっかり練習すれば、大丈夫だ』と新聞でコメントしていました。
>
> しかし、無限にある試合展開すべてを反復練習することなど、時間的にも体力的にもできるはずがありません。(日本のスポーツ選手が得意な？　反復練習だけでは限界があると思います) 日本代表が世界の大会で活躍しようと思えば、自動操縦を使って応用が利くサッカーを行えるようにならなければなりません。

また手動操縦によるプレーでは、4) 体が勝手に動いてくれるわけではないので、頭で考えて動くしかありません。

そのために、どんなに練習しても大して速く動き出せないし、連続動作を行ったとき次の動作へ移行するのに時間がかかってしまいます。(頭で考えて動く場合はどうしても、動き出したりあるいは次の動作へ移行するのに時間がかかってしまいます。)

競技種目のいずれかにかかわらず自動操縦で動くことができるかどうかで、あらゆる運動パフォーマンスが天と地ほど違ってきます。

そして、これまでの練習やトレーニングをどれだけ繰り返し行っても、この差を埋めることは絶対にできないと思います。

★世界中には数多くのアスリートがいますが、自動操縦で完全に動けているアスリートは数えるほどもいないと、筆者は考えています。

コラム2
"転んだとき、手を地面につく動作"が無意識で行われる場合と意識的に行われる場合の違い！

転んだとき普通は無意識のうちに手を地面につきますが、無意識に手をつくと、手をつく場所やタイミングが最適になるし、手をついたときに (つく) 手以外の身体パーツが、ボディバランスが最適になるように、勝手に調整されて動いてくれます。

これに対して、転んだとき意識的に手を地面につくと（手をつこうとしてつくと）、手をつく場所やタイミングが最適ではなくなるし、（つく）手以外の身体パーツが自然に調整されて動いてくれるようなことがありません。（脳から指示された身体パーツだけが、しかも最適ではない動き方で動くだけです。）

このように転んで地面に手をつく動作でも、それが自動操縦で行われるのと手動操縦で行われるのでは、発揮できるパフォーマンスが全く違ってくるのです。

コラム❸
有名選手を指導した経歴がある指導者に習うと、才能がない選手でも一流選手になれるのか？

『有名な…選手のコーチをしていた指導者に習うと、才能がない私でも一流選手になれる！』と思い、有名選手を指導した経歴がある指導者に習いたがる選手がいます。

果たして、有名選手を指導した経歴をもつ指導者に習えば、才能がない選手でも競技パフォーマンスを桁違いに向上させ、トップ選手になれるのでしょうか？

答えは"No."だと思います。

才能がある選手を予定通り（？）一流にしたノウハウが、才能がない選手を予定外の一流に導いてくれるとは限らないからです。

確かに、才能がある選手でも指導者に（その選手の）よい所を引き出してもらえなければ（あるいは自分でよい所を引き出せなければ）、一流にはなれません。

その限りでは、才能がある選手を一流に育てた指導者には、"才能がある選手のよい所を引き出す能力"はあるのかもしれません。

Attention 4
指導者はよい所を引き出せなかったが、選手自身が自分でよい所を引き出しレベルアップしたというケースもあるでしょう。そのような場合は指導者の力は関係ないと思います。

また、ある（才能のある）選手のよい所を引き出せても、他の（才能のある）選手のよい所は引き出せない場合もありますので、ある（才能のある）選手を一流にできたからといって、才能のある選手を常に一流にできるとは限りません。

しかし、才能がある選手のよい所を引き出す能力があるからといって、必ずしも才能がない選手を一流にできるとは限りません。

才能がない選手をトップ（一流）選手にするには、その選手のよい所を引き出すだけではなく、才能がある選手との根本的な違いを見極め、その差を埋めるノウハウが必要となるからです。

才能がある選手とない選手の根本的な違いを埋めるには何よりもまずその違いを見つけ出さなければなりませんが、（才能がある選手を一流にした指導者もそうでない指導者も）ほとんどの指導者が、それを見つけることができないでいます。

また初めから強かった選手を指導し、名前を売る指導者（コーチやトレーナー）も結構いると聞きます。

（有名選手にお願いして、その選手を指導していなかったのに、指導していたことにしてもらう指導者までいるようです。聞いた話ですが！）

このような指導者に習っても、才能のない選手が一流選手になれるわけではないことは言うまでもありません。（イチロー選手の専属トレーナーを自称する人が10人くらいいる！　という話を聞いたことがあります。この話は笑えます。）

Attention 5

オリンピック選手など一流選手を輩出している大学の名門運動部に才能がない選手が入部しても、卒業までの4年間でパフォーマンスがほとんど向上しなかったという話をよく耳にします。

このようなことが起こるのは、名門運動部の指導者のほとんどが、推薦で入ってくるような才能がある選手を強くするノウハウは持っていても、才能がない選手を強くするノウハウは持ち合わせていないからだと思います。

（名門運動部の指導者は推薦外で入ってくる選手は全く指導しないというケースもあります。そのような場合は、それが才能のない選手が名門運動部に入部しても強くならない理由なのかもしれません。）

多くの方が"指導者の実力（実績）は有名選手を何人指導したか？（有名選手の指導歴）"で決まると思われているようですが、筆者はそのようには考えません。

指導者の実力（実績）は"有名選手を何人指導したか？"ではなく、"指導を受けた選手のパフォーマンスが（指導により）どのレベルからどのレベルまで上がったか？"で決

まると筆者は考えています。
　100mを元々10.2秒（のタイム）で走れる（陸上）短距離選手を指導し10.1秒で走れるようにして（タイムを0.1秒短縮し）全日本チャンピオンにするよりも、指導前の(100mの)タイムが13.0秒だった選手を指導により（タイムを2.6秒短縮し）10.4秒で走れるようにする方が、指導能力が遥かに高いことを示していると思います。

コラム4
どのようなトレーニングを行っても、トレーニングでは競技パフォーマンスを飛躍的には向上できない！

　以前、ある新聞のスポーツ欄に次のような記事が掲載されていました。
　『日本の陸上関係者がジャマイカの（陸上の）短距離チームの練習を視察に行った。ジャマイカの選手が何か特別なトレーニングをやっているのではないか？と思い、そのトレーニング方法を知りたくて視察に行った。ところが、行ってみると、これといったトレーニングは行っていなかったので、びっくりした。普通の陸上の練習を行っているだけだった。ジャマイカの選手が速く走れるのはハングリー精神が強いからだと思った』

　筆者はこの話は本当だと思います。（『ジャマイカの選手が速く走れるのはハングリー精神が強いから』というのはよくわかりませんが、それ以外は本当だと思います。）
　ジャマイカの選手は特別なトレーニングを行っているわけではないと思います。
　『ずば抜けて足が速い選手は何か特別な（秘密の）トレーニングをやっていて、そのトレーニングにより足が速くなった』と多くの人が考えているようですが、筆者はそのようなことはないと思います。
　それがどのように素晴らしいトレーニングでも、トレーニングによって足がすごく速くなったり、(陸上短距離以外の競技でも)競技パフォーマンスが桁違いに向上するということはないと思います。(多少なら向上することはあると思いますが。)

第1章　ワールドクラスの選手と日の目を見ずに終わる選手

コラム❺
解析はできても、選手のパフォーマンスを向上させることができない専門家

　テレビや新聞などでよく専門家や大学の先生（あるいは学者）が"トップアスリートが高いパフォーマンスを発揮できる理由"を説明しています。
　『…選手は……だから、高いパフォーマンスを発揮できる！』という感じで！

　しかし、彼ら（彼女ら）は"トップアスリートが高いパフォーマンスを発揮できる理由"を解析するだけで、"普通の選手（あるいは才能がない選手）がどうしたらトップアスリートになれるのか？"を研究しているという話は聞いたことがありません。
　"トップアスリートが高いパフォーマンスを発揮できる理由"を解析するよりも、"どうしたら、普通の選手（あるいは才能がない選手）がトップアスリートになれるのか？"を研究しないと、強い選手は育てられないと思います。
　『イチロー選手がなぜすごいのか？』ではなく、『イチロー選手をもう1人育てるにはどうしたらいいのか？』を研究しないと意味がないと思います。

コラム❻
練習量を増やす以外にパフォーマンスを向上させる方法を知らない日本の運動指導者

　日本の運動指導者のほとんどが、選手にたくさんの練習を行わせます。
　たくさん練習すると、競技パフォーマンスを向上させることができるのでしょうか？

　答えは"No."だと思います。
　スタミナ（持久力）をつけたり体力を向上させたり、あるいは技を習得するためには、ある程度の練習量はこなす必要があります。

　しかし、それらの目的に必要な量以上の練習を行ったからといって、パフォーマンスが向上するわけではないと思います。
　日本には、選手に過剰とも言える

ほどの練習を行わせる指導者がいます。

　朝から夕方まで丸一日練習させる野球部の監督がいます。

　100ｍを何十本も走らせる（陸上の）短距離走のコーチがいます。

　しかし、練習量が多過ぎると、オーバーワーク（運動を行い過ぎて、疲労を回復させることができなくなる状態）に陥り、（選手の）競技パフォーマンスは向上するどころか、逆に下がってしまいます。

　それにもかかわらず、このような指導者は、なぜ過剰とも言えるほどたくさんの練習を選手に行わせるのでしょうか？

　それは　指導者が練習量を増やす以外にパフォーマンスを向上させる方法を知らないからだと思います。

　練習量を増やすことでしか、ライバルチーム（あるいはライバルチームの選手）よりも優位に立てないと考えているのです。

　相手（ライバル）が1時間練習していれば、こちらは2時間練習する。

　相手がその話を聞いて練習時間を3時間に増やしてきたら、こちらも負けじとさらに増やして4時間にする………。

　という感じで、どんどんエスカレートして、練習量が増えていくのだと思います。

第 2 章
自動操縦で運動するには　1
～ 全身をリラックスさせる ～

　自動操縦で動くことができれば、全ての能力が桁違いに向上することが、これまでの説明で理解されたことと思います。
　では、どうすれば自動操縦で動くことができるようになるのでしょうか?

❶ 自動操縦マスターの基本的な考え方

　何か特別な練習を行えば、自動操縦で動けるようになるのでしょうか?自動操縦で運動できるようになる特別な練習やトレーニングがあるのでしょうか?
　いいえ、そのような特別な練習法やトレーニングがあるというわけではありません。自動操縦で動けるようになるというのは、そういうことではありません。
　『特別な練習やトレーニングを行えば、できるようになる』というよりは『やってはいけないことをやらない』というニュアンスに近いと思います。(少しは特別なことも行う必要はありますが、『自動操縦の作動を妨害しないようにする』ことが最大のポイントになります。)
　人間(ないし動物)の体は本来必要に迫られると、自動操縦で動く、つまり勝手に動くようにできていると筆者は考えています。
　それは特別な能力を持った人の体だけではなく、全ての人の体についてあてはまります。人間の体に生来そのような機能が備わっていると考えています。
　ところが、ほとんどの人が知らず知らずのうちに自動操縦の作動を妨害するようなことを行い、自動操縦の機能が働かないようにしてしまっています。
　そうです。自動操縦の作動を妨害するようなことをやらないようにすれば、誰でも自動操縦で動けるようになるのです。

❷ 自動操縦を妨害する最大の要因は?

　自動操縦の作動を一番妨害してしまうのが、筋肉の力みです。
　ほとんどの選手が力んだ状態で運動を行っていますが、力んだ(筋肉が収縮した)状態では体は勝手には動いてくれません。

筋肉がしっかり（？）収縮している（力んだ）状態、つまり脳が筋肉を個別にコントロールしている状態だと、誤作動するのをおそれてか体の自動調整機能が働かず、自動操縦が作動しなくなります。
　筋肉がほとんど収縮していないリラックスした状態、つまり脳から筋肉に単独での収縮指示がほとんど送られていないニュートラルな状態（＝体が脳の支配をほとんど受けていない状態）だと、体の自動調整機能が働き、体が勝手に動いてくれます。

❸ 全身をリラックスさせる方法
　自動操縦で動くためには、全身の筋肉をできるだけリラックスさせる必要があります。しかし、全身の筋肉を脱力させることは、簡単なことではありません。

> **Attention 6**
> 　世界には星の数ほどスポーツ選手がいますが、完全に脱力して運動を行えている選手は数えるほどしかいません。
> 　（筆者は完全に脱力して運動を行えている日本人選手をまだ見たことがありません。外国人選手でも、これまで2〜3人くらいしか見たことがありません。）

　ではどうすれば、全身をリラックス（脱力）させて運動することができるのでしょうか？
　よく指導者が『リラックスして運動を行え！』と叫んでいます。
　果たして、リラックスするように意識すれば、全身を脱力させて運動することができるのでしょうか？
　答えは"No."です。
　いくらリラックスして動こうと思っても、リラックスできない人はリラックスできません。
　ではどうすれば、リラックスできるのでしょうか？
　リラックスできるようになるトレーニングを行えばいいのでしょうか？
　こちらも"No."です。
　どのようなトレーニングを行っても、全身を完全に脱力させて運動できる（激しく動き回れる）ようにはなりません。基本的にトレーニングによってマスター

できるものではありません。

運動で激しく動き回っているときでも体を完全に脱力できるようになるには、体の重心※8 をある位置に置かなければなりません。

（1）重心の正しい位置

体の重心をどこに置いたらいいのでしょうか？

> 重心は、坐骨※9 の真上に乗せるようにします。

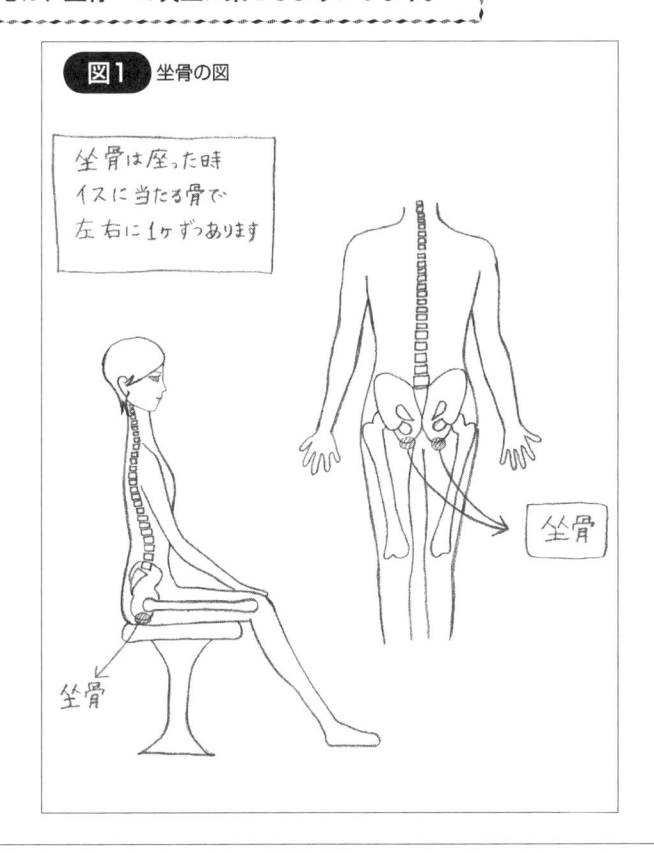

図1　坐骨の図

坐骨は座った時イスに当たる骨で左右に1ヶずつあります

※8　重心：学術的には重力が一点に集中して働く作用点を重心といいますが、分かりやすく言えば、その物体の重さの中心のことです。
※9　坐骨：椅子に座ったとき椅子に当たる骨で、左右に1つずつ（計2つ）あります。詳しくは図1を参照。

『椅子に座るとき重心を坐骨に乗せて座ると理想的な姿勢をキープできて、腰痛や肩こりを防止できる』と整体師がよく指導していますが、座っているときではなく、立っているときに重心を坐骨の真上に乗せるようにします。

これが全身をリラックスさせる最重要ポイントです。

これができると、自然に腕や肩の力が抜け、全身を脱力させることができます。

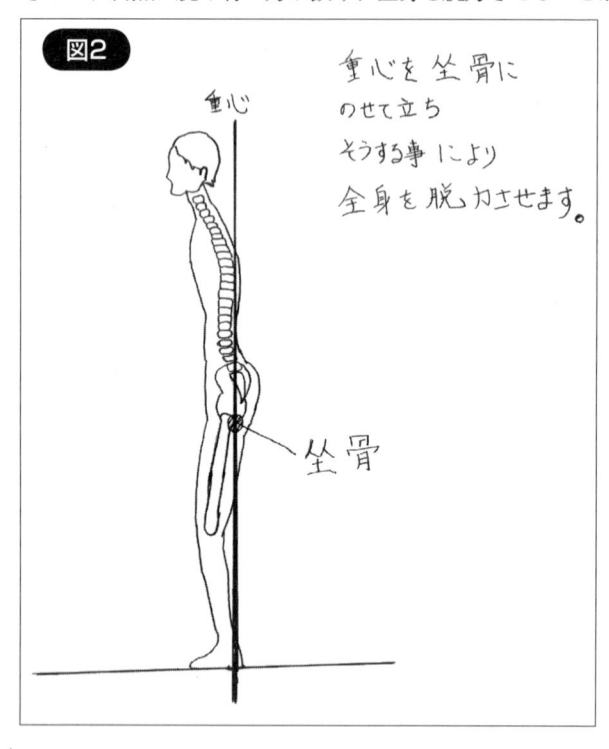

図2　重心／坐骨

重心を坐骨にのせて立ちそうする事により全身を脱力させます。

Attention 7

~ "重心を股関節に乗せて立て" と一般的には言われるが！~

『座るときは重心を坐骨に乗せ、立つときは重心を股関節※10に乗せるのが理想的である』と一般的には言われています。

確かに健康のためにはそれでもよいのかもしれませんが、重心を股関節に乗せて運動する（立つ）と、運動のパフォーマンスは高くなるどころか、逆に低くなってしまいます。

体の可動部分である股関節に体重をかけると、股関節や足が自由に動かなくなり（フリーでなくなり）、股関節や足の動きが悪くなるからです。

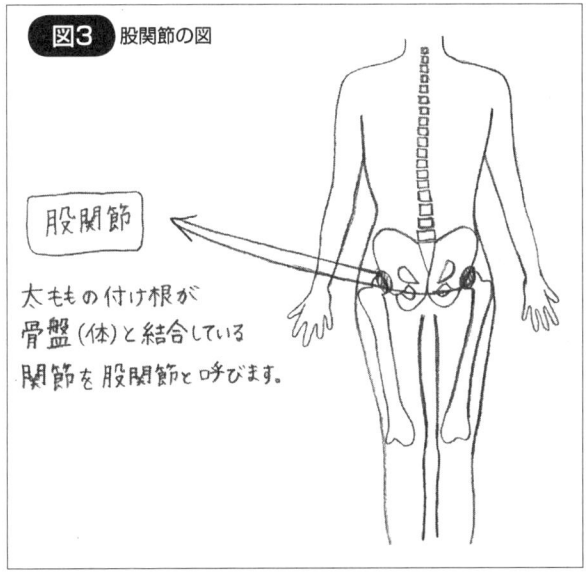

第2章　自動操縦で運動するには　1

図3 股関節の図

股関節

太ももの付け根が骨盤(体)と結合している関節を股関節と呼びます。

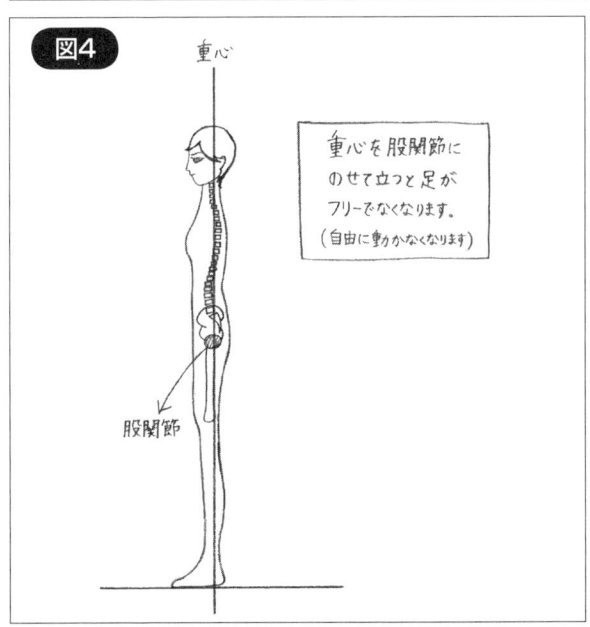

図4

重心

重心を股関節にのせて立つと足がフリーでなくなります。
(自由に動かなくなります)

股関節

※10 股関節：大腿（大腿骨）（＝太股）の付け根が骨盤と結合している関節を指します。詳しくは図3を参照。

（2）重心の間違った位置

　重心が最適な位置（坐骨）に乗っていないと、ボディバランスが崩れやすい状態・体勢になるため、ボディバランスが崩れないように筋肉を力ませ（収縮させ）なければならなくなります。このため、いくらリラックスしようと思っても（意識しても）、リラックスできなくなります。（ほとんどのスポーツ選手がこのような状態でプレーしています。）

①重心が腰に乗っている場合

　重心が腰椎※11（腰）に乗っている選手をよく見かけますが、そのような選手は腰椎を前弯させ※12、前弯した腰椎で体を支えている感じになります。

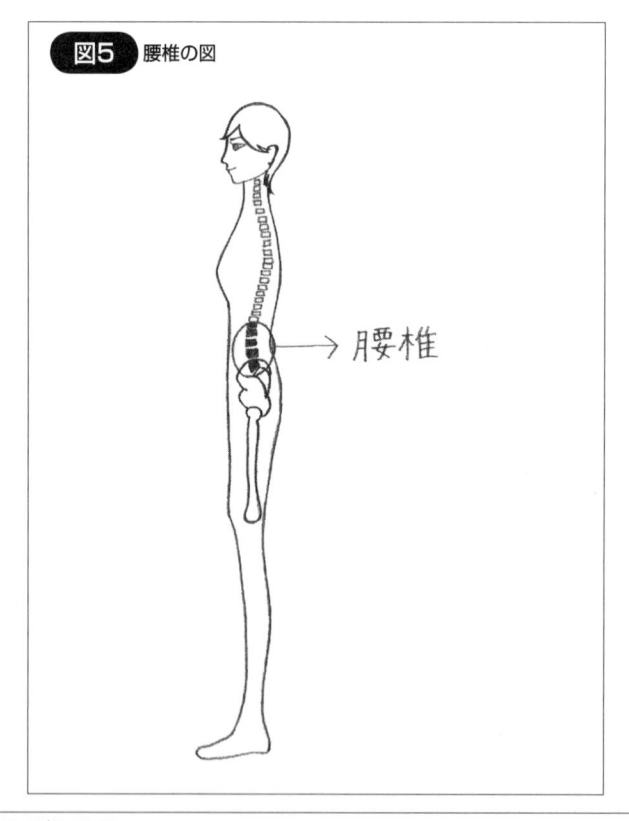

図5 腰椎の図

→ 腰椎

※11 腰椎：背骨（脊椎）のうち腰にあたる部分。詳しくは図5を参照。
※12 腰椎を前弯させる：腰椎を前に反らすことを意味します。図6を参照。

第2章 自動操縦で運動するには 1

図6

腰椎を前弯させる
（ようつい）（ぜんわん）

腰椎を前に反らす事
↓
腰椎を前弯させる と呼びます。

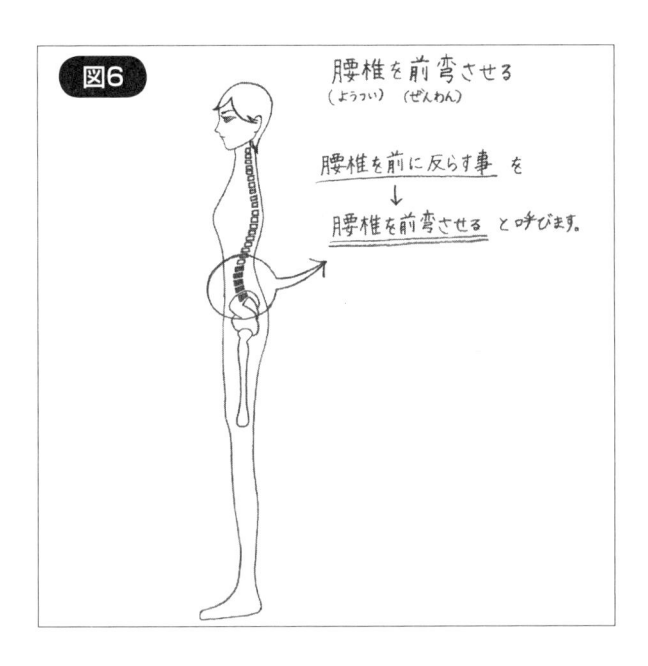

　腰椎で体を支えてしまうと、腰椎の周りにある腹筋や背筋が力んでしまい、自動操縦で動くことができなくなります。

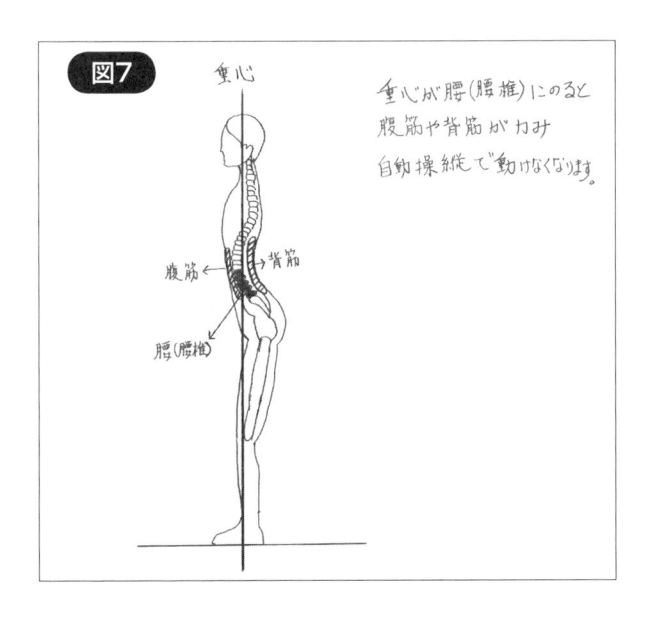

図7

重心

重心が腰(腰椎)にのると腹筋や背筋がカみ自動操縦で動けなくなります。

腹筋← →背筋

腰(腰椎)

29

Attention 8

〜重心が腰に乗ることによるその他の弊害〜

　ほとんどスポーツ選手の重心が腰に乗っていますが、重心が腰に乗ると自動操縦で動けなくなる以外にも問題が発生します。

　重心が腰に乗った状態で運動を行うと、上半身と下半身がばらばらに動いてしまい、一体感がない動きになってしまいます。

　そうなると、ボディバランスが悪くなるのはもちろん、全身を使って運動することができず、大きなパワーを発揮することができなくなります。

　これに対して、重心を坐骨の真上に乗せると、上半身と下半身が一緒に動き一体感があるパフォーマンスが可能になります。一体感がある動きを行うことができると、ボディバランスがよくなるし、全身をフルに使って大きなパワーを発揮することができます。

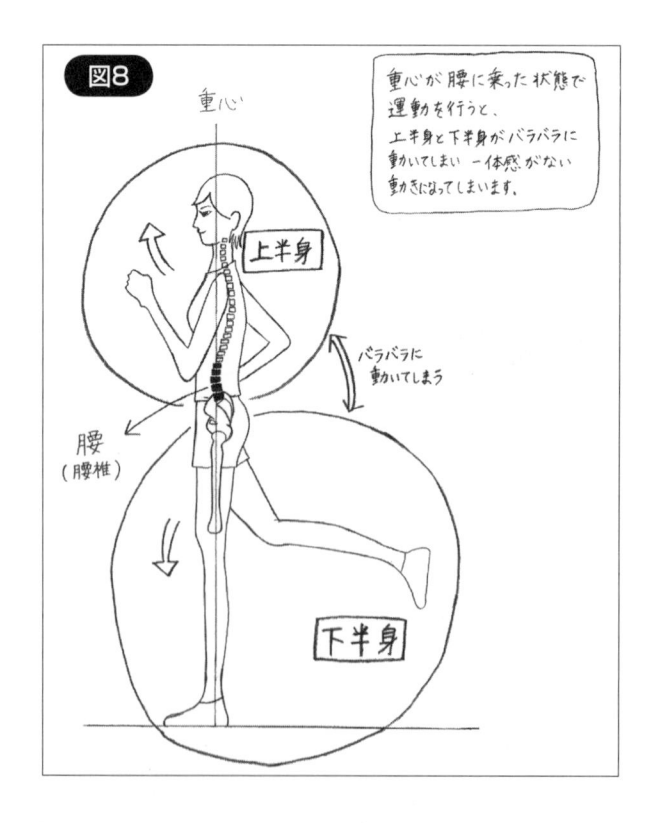

図8

重心

上半身

腰
（腰椎）

下半身

バラバラに動いてしまう

重心が腰に乗った状態で運動を行うと、上半身と下半身がバラバラに動いてしまい一体感がない動きになってしまいます。

②重心が坐骨より後にきている場合

　また重心が坐骨よりも後に来てしまう選手がいます。（日本のスポーツ選手に多いパターンです。）

　重心が坐骨よりも後に乗ってしまうと、後重心になります。そうなると、体が後方へ倒れないように猫背を作る（胸椎※13を後弯させる）ような感じで、体を前に倒そうとします。体を前に倒そうとして筋肉の力みを生じ、やはり自動操縦で動くことができなくなります。

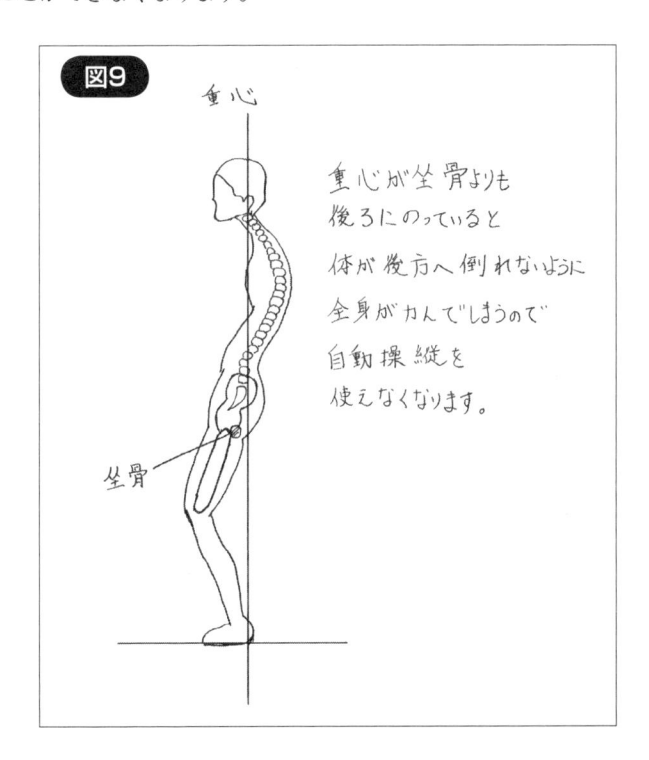

図9

重心

重心が坐骨よりも
後ろにのっていると
体が後方へ倒れないように
全身が力んでしまうので
自動操縦を
使えなくなります。

坐骨

　自動操縦で動くには、重心を腰椎に乗せたり坐骨よりも後に乗せるのではなく、坐骨の真上に乗せて全身を脱力させる必要があります。

　しかし、このように言うと、腰（腰椎や腰仙関節※14）を真直ぐにすることにより重心を坐骨に乗せようとする人がいます。

※13　胸椎：脊柱の上から第8番目から第19番目までの椎骨（＝脊柱を構成する個々の骨）の総称。
※14　腰仙関節：腰椎と骨盤（仙骨）を結合している関節を指します。詳しく図10を参照。

確かに腰（腰椎や腰仙関節）を真直ぐにすると、重心が坐骨に乗りやすくなりますが、腰（腰椎や腰仙関節）を真直ぐにすること自体が体の力みを生んでしまうので、良くありません。

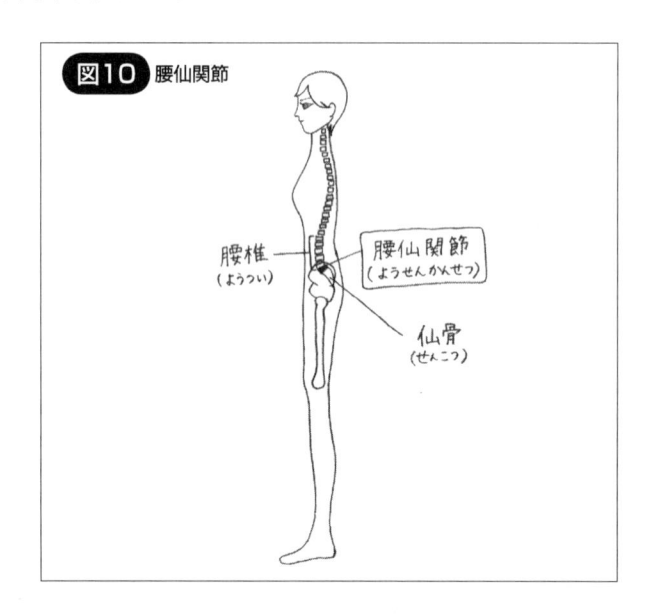

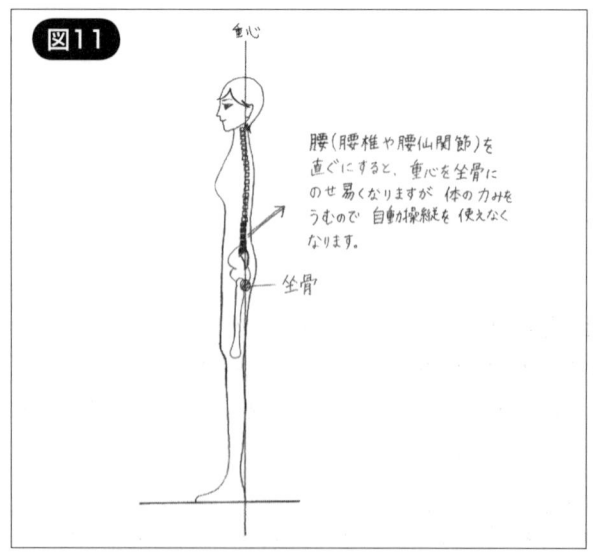

図10　腰仙関節

腰椎（ようつい）
腰仙関節（ようせんかんせつ）
仙骨（せんこつ）

図11

重心

腰（腰椎や腰仙関節）を直ぐにすると、重心を坐骨にのせ易くなりますが体の力みをうむので自動操縦を使えなくなります。

坐骨

第 2 章 自動操縦で運動するには

> **Attention 9**
>
> 『腰（腰椎や腰仙関節）を真直ぐにして走ると速くなるから、腰（腰椎や腰仙関節）を真直ぐにして走るように！』と指導している陸上のコーチを時々見かけます。
>
> しかし、腰（腰椎や腰仙関節）を真直ぐにしても、大して速く走れるようにはなりません。腰（腰椎や腰仙関節）を真直ぐにしようとすると、腰（腰椎や腰仙関節）に力が入り、結果として全身が力んで全身の動きが悪くなるからです。

❹ 重心を正しく坐骨の上に乗せる方法

　腰（腰椎や腰仙関節）を真直ぐにして重心を坐骨に乗せるのではなく、**腰の力を抜くことにより重心を坐骨に乗せる**ようにします。

　自動操縦で動くためには、腰（腰椎や腰仙関節）の力を抜いて重心を坐骨の真上に乗せることにより、全身を完全にリラックスさせなければなりません。

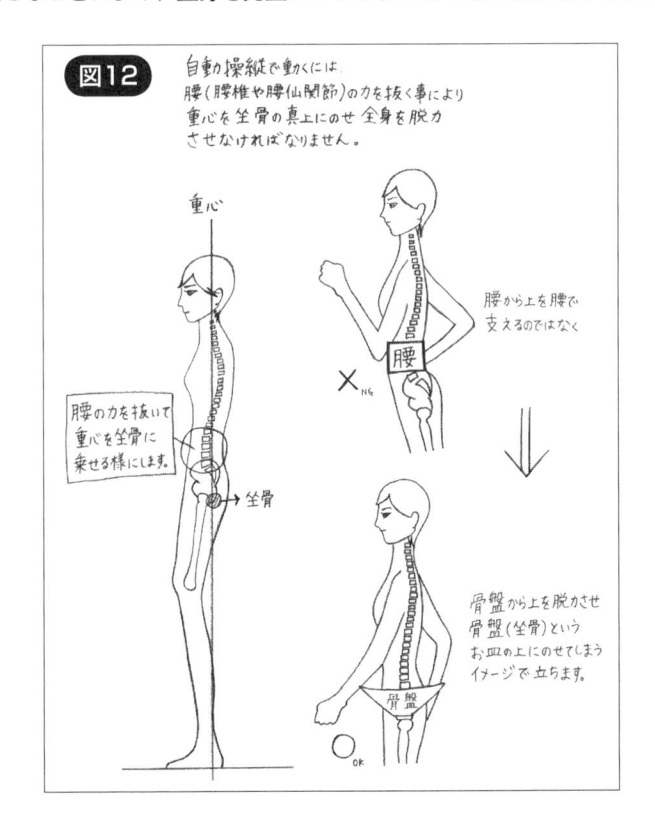

図12　自動操縦で動くには腰（腰椎や腰仙関節）の力を抜く事により重心を坐骨の真上にのせ全身を脱力させなければなりません。

では、重心を坐骨の真上に乗せて立ってみましょう！
出来上がった姿勢を鏡に映して見ると、一般的に言う"よい姿勢"つまり"気をつけ"にはなっていないはずです。少し猫背で、どちらかと言うと、(一般的には)少し悪い姿勢に入ると思います。
『こんな悪い姿勢では、運動ができるはずがない』と、ほとんどの方が思われるかもしれません。
しかし、この姿勢、つまり完全に脱力したニュートラルな状態をつくることが、自動操縦で動くための第一歩となるのです。

Attention 10
～正しく重心をとるためのとっておきの方法！～

"腰(腰椎や腰仙関節)の力を抜いて重心を坐骨の真上に乗せる姿勢"をうまくとれない人は、まず反対の姿勢である"気をつけの姿勢"をとってみます。

次に"気をつけの姿勢"から腰・腹筋や背筋の力を完全に抜いてみてください。そうすると、自然に重心が坐骨に乗ると思います。やってみてください。("気をつけの姿勢"から腰や腹筋や背筋の力を抜き、重心を骨盤に乗せるというイメージでもいいと思います。)

Attention 11
～同じ猫背でも天と地ほどの違いがあります～

前述した重心が坐骨よりも後に来てしまう姿勢でも、猫背になりますが、"重心を坐骨の真上に乗せて、体を完全に脱力させることにより猫背になる"のと"重心が坐骨よりも後に来て猫背になってしまう"のでは、外見的には似ていても本質的に違います。注意して下さい。

Attention 12
～"気をつけの姿勢"が理想的であるというのは全くの勘違い～

一般的によい姿勢とされる"気をつけの姿勢"で運動を行うと、運動レベルが低い(あるいは動きがあまり激しくない)うちは、ボディバランスがよく、そこそこ良いパフォーマンスを発揮できます。

このため、ほとんどの人が『気をつけの姿勢"が運動を行う上でも理想的な姿勢である』と勘違いしています。

しかし、運動レベルが高くなる(動きが激しくなる)と、背筋を力ませて体重を腰に乗せる"気をつけの姿勢"では、上半身と下半身がばらばらに動いてしまい、高いパフォーマンスを発揮することはできません。

図13

重心

体重が腰にのる
「気をつけ」は
NG

背筋を力ませ体重が腰にのる
「気をつけ」の姿勢では、
上半身と下半身がバラバラに
動いてしまい高いパフォーマンスを
発揮する事は出来ません。

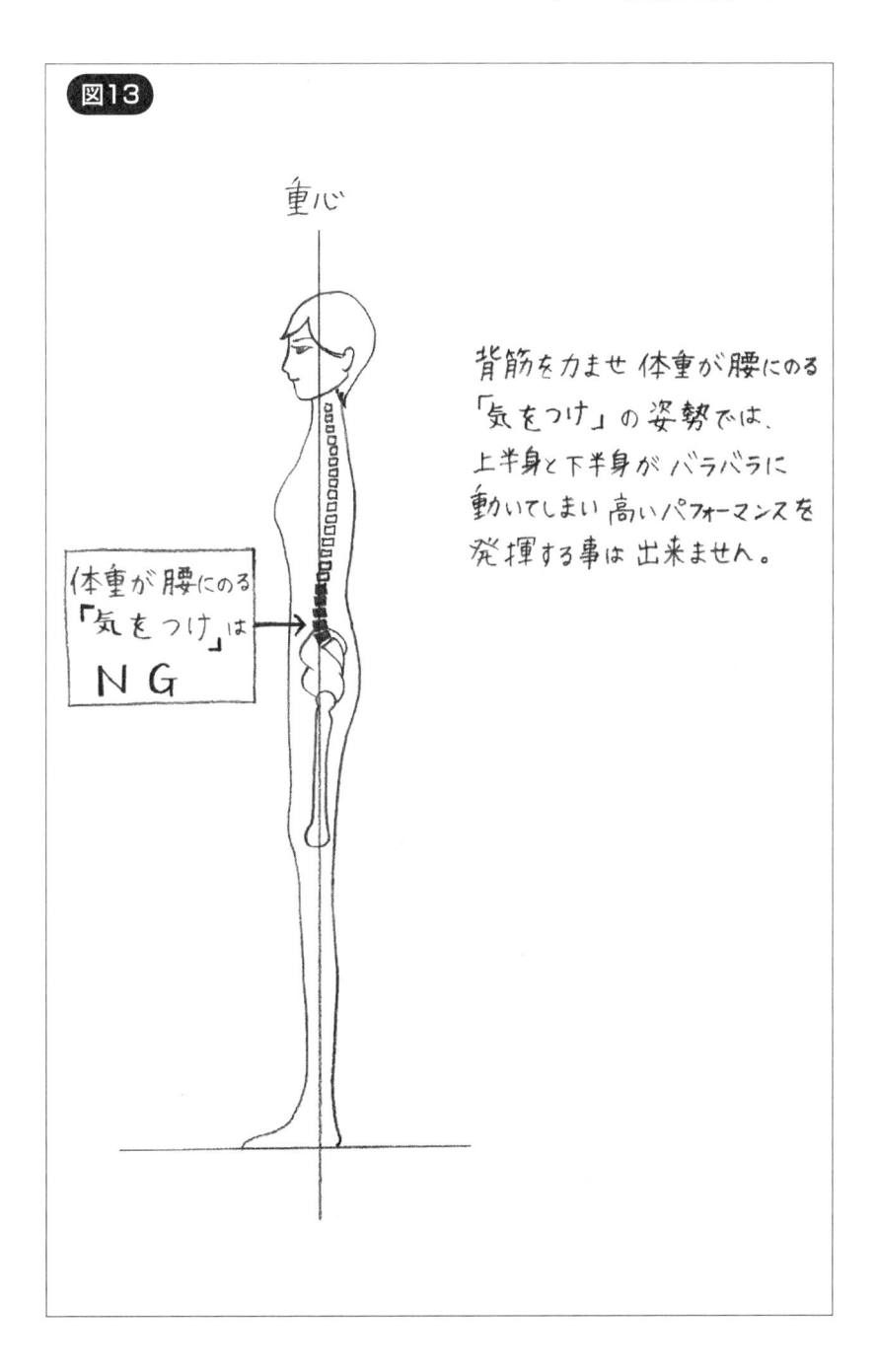

❺ 重心を坐骨の真上に乗せる練習

　では、『重心を坐骨の真上に乗せる』練習はいつ行ったらよいのでしょうか？
　自分が行っている競技の練習中（あるいは試合中）に意識すればよいのでしょうか？
　答えは"No."です。
　競技の練習中（あるいは試合中）に意識したら動きが硬くなり、結果として競技の動きが悪くなってしまいます。そうなると、発揮できるパフォーマンスは高くなるどころか低くなってしまいます。
　また（本来、運動を行う人が意識することではありませんが）運動を行っている最中、常に重心が坐骨に乗っていて図2（P.26）のような姿勢になっているのがベストというわけではありません。
　例えばスプリント走で重心が坐骨に乗った状態から走り出すと、体が自然にどんどん前に（あるいは前方のやや上向きに）推進して速く走れるのですが、体が前に（あるいは前方のやや上向きに）推進している時は、重心は移動していて、常に坐骨に乗っているわけではないし、図2（P.26）のような姿勢になっているとも限りません。（重心が腰椎に乗った状態で走り出すと、前に転びやすくなるので、転倒を回避するため、この体の自然な前への推進が起こらなくなります。）
　もし重心を坐骨の真上に乗せて図2（P.26）のような姿勢のまま、スタートからゴールまで走ろうとすると、この体の自然な前への推進が起こらず、速く走ることができなくなります。
　"重心を坐骨の真上に乗せっぱなしで動く"のではなく、"重心を坐骨に乗せた状態から動き始める"のがベストだと言えます。
　この点からも競技の練習中（あるいは試合中）は重心を坐骨の真上に乗せようとするべきではありません。
　そこで競技を行っている時ではなく、競技を行っていない時に意識します。
　通勤や通学で電車やバスを待っている時など日常生活の中で立っている時に、重心を坐骨の真上に乗せるようにします。
　そうした日々の反復によって、重心を坐骨の真上に乗せる癖をつけてしまい、意識しないでも重心が坐骨の真上に乗るようにします。
　"重心を坐骨の真上に乗せて、運動できるようになっているかどうか？"を確認するにはどうしたらいいのでしょうか？

外見上の動きで確認することができるのでしょうか？

　答えは"No."です。

選手が指導したとおりのことを行えているかどうかを、外見上の動きの変化で確認したがる指導者がたくさんいます。

しかし、相川式カイゼンに関しては　行えているかどうかを外見上の動きの変化で確認することはできません。

では、どうやって確認すればいいのでしょうか？

確認するには、短距離走のタイムを計ってみるといいと思います。

重心を正しい位置に乗せることができていなかった人ができるようになれば、短距離走のタイムが明確に速くなると思います。

Attention 13

重心が坐骨の真上に乗るようになると、走ったとき、重心が自然に前方（もしくは前方斜め上）にしっかり運ばれ、スタートからゴールまで骨盤が低く下がることがなく、脚が窮屈にならず大きく前に送られるような感じになると思います。

　（重心が腰・膝や股関節に乗っていると、スタート時に前側の脚の膝が前に出て骨盤が低く下がるような感じになると思います。

　そして、ゴールまで骨盤の位置が低く、脚が窮屈な感じになると思います。）

しかし、本人の走った感覚や第三者が見た感覚は当てになりませんので、できているかどうか（重心を坐骨の真上に乗せられているかどうか）は短距離走のタイムを計って確認してください。

負の自動操縦～特別注記

　重心が坐骨に乗っていない状態で運動すると、ボディバランスが崩れやすくなるので、両腕を動かすことにより、ボディバランスを保とうとします（綱渡りをするときはボディバランスを保つために両腕を横に広げますが、これと同じような動きです）。

　この動きは本人の意志にかかわらず勝手に行われるので、ある意味では自動操縦的な動きと言えますが、この動きが起こると腕はボディバランスを保つために使われ、本来の目的である動作を行うためには使われなくなります。そうなると、高いパフォーマンスを発揮することができなくなります。

　例えば、重心を坐骨に乗せずに走ると、腕は転ばないようにボディバランスをキープするために使われ、体を推進させるためには動いてくれなくなります。（そうなると、もちろん速く走れなくなります。）

　このような動きを　筆者は**"負の自動操縦"**と呼んでいます。

　いくら体が勝手に動いてくれても、それが負の自動操縦で動くのであれば、高いパフォーマンスを発揮することはできません。運動する時に頭は全く使わずに動いたり体が勝手に動いてくれるのに、高いパフォーマンスを発揮できないという人がいますが（このような人はたくさんいると思います）、そのような人は"負の自動操縦"で動いている可能性が高いと思います。

コラム 7
ウェートトレーニングのように筋をある程度収縮させた状態から、さらに収縮させるような動きでは、大きなパワーは発揮できない。

　筋を完全に脱力させた状態で運動を行えると、自動操縦で動ける以外にもメリットを獲得できます。

　この場合は、完全に脱力させた筋を収縮させるので、筋の収縮可動域が広くなり、関節を速く稼動させる（身体パーツを速く動かす）ことができます。

　関節を速く稼動させる（身体パーツを速く動かす）ことができる結果として、体（全体）を速く動かしたり、大きなパワーを発揮することができます。

　ウェートトレーニングでバーベルを挙上するときのように、筋をある程度収縮させた状態からさらに収縮させようとすると、筋の収縮可動域が狭くなり、身体パーツを速く動かすことができなくなります。

　（ウェートトレーニングでバーベルを降ろす時は、怪我を回避するためにバーベルをコントロールしながら降ろす、つまり筋をある程度収縮させながら降ろすので、バーベルを降ろした後に挙上するときは筋を完全に脱力させた状態から収縮させるのではなく、ある程度収縮させた状態からさらに収縮させることになります。）

　身体パーツを速く動かすことができなくなると、体（全体）を速く動かしたり、大きなパワーを発揮することができなくなります。

　現在スポーツ界では、ほとんどのスポーツ選手が運動で大きなパワーを発揮できるようになるために、ウェートトレーニングをたくさん行っています。

　しかしウェートトレーニングをたくさん行うと、筋を収縮させた状態から更に収縮させる癖がつき（神経回路が出来上がり）、筋を脱力させた状態から収縮させることができなくなってしまいます。

　そうなると、発揮できるパワーは大きくなるどころか、逆に小さくなってしまいます。

　スポーツ選手がウェートトレーニングに多くの時間をつぎ込むのは考えものだと思います。

第3章
自動操縦で運動するには　2
～ 特定の部位を単独で動かしたり、意識したりしない ～

　腰（腰椎や腰仙関節）の力を抜くことにより重心を坐骨の真上に乗せ、全身を脱力できるようになったら、次は――

> 特定の部位（身体パーツや関節や筋肉）を単独で動かそうとしたり、意識したりしないようにします。

❶ 特定部位を単独で動かしたり、意識することの致命的デメリット

　特定の部位（身体パーツ、筋肉あるいは関節）だけを単独で動かそうとすると（意識すると）、動かそうとする部位（身体パーツ、筋肉あるいは関節）に脳から個別の稼動指示（体を動かすために、脳から動かす部位に送られる指示）が送られ、ニュートラルな状態（体が脳の支配をほとんど受けていない状態）ではなくなってしまいます。

　そうなると、体が勝手には動いてくれず（自動操縦を使うことができず）、脳から稼動指示が送られた部位だけがしっかりと動き、それ以外の部位はしっかりと動くことができなくなります。

❷ 特定部位を意識させる間違った指導法

① 『球が速いピッチャーはゼロポジション※15をとれている。だから速い球を投げたければ、ゼロポジションをとって投げろ！』このように指導している野球のコーチがいます。

　しかし　ゼロポジションを意識して投げると、特定部位（ここでは肩甲上腕関節つまり肩関節）を意識しているため肩関節以外の部位がしっかり動かなくなり、

※15　ゼロポジション：上腕（骨）と肩甲棘（肩甲骨※16上の突起）が直線になる、肩甲骨と腕のポジションを指します。詳しくは図⑭を参照。
※16　肩甲骨：背中にある2つの骨を指しますが、肩甲骨と腕を結合している関節が肩（肩甲上腕関節）となります。詳しくは図⑭を参照。

全身を使うことができなくなります。全身を使うことができなくなると、速い球を投げることはできません。

　ピッチングで速い球を投げようと思えば、肩、手、ひじ、腕、足、などの特定部位をそれぞれ単独で動かそうとしたり、意識したりしないようにする必要があります。

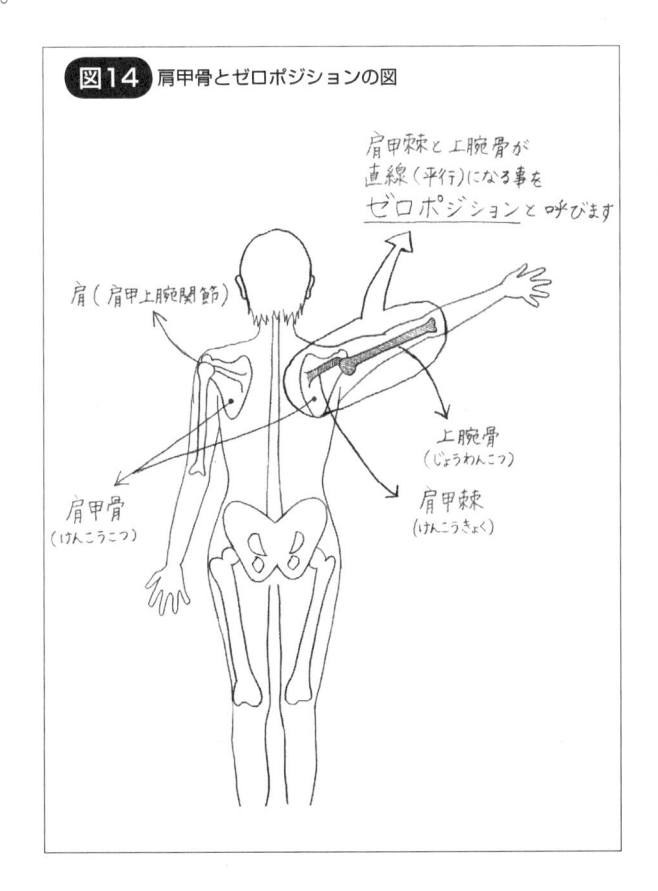

図14 肩甲骨とゼロポジションの図

肩甲棘と上腕骨が直線（平行）になる事を<u>ゼロポジション</u>と呼びます

肩（肩甲上腕関節）
上腕骨（じょうわんこつ）
肩甲骨（けんこうこつ）
肩甲棘（けんこうきょく）

② 『足で地面をしっかり蹴って走ると速く加速できるから、足で地面をしっかり蹴って走れ！』
③ 『腿を高く挙げると速く走れるから、腿を高く挙げて走れ！』
④ 『トップスプリンターは股関節を使って走っている。速く走りたければ、股関節を使えるよう股関節を意識して走れ！』

⑤『トップスプリンターはハムストリングス※17を使って走っている。速く走りたければ、ハムストリングスを使えるようハムストリングスを意識して走れ！』

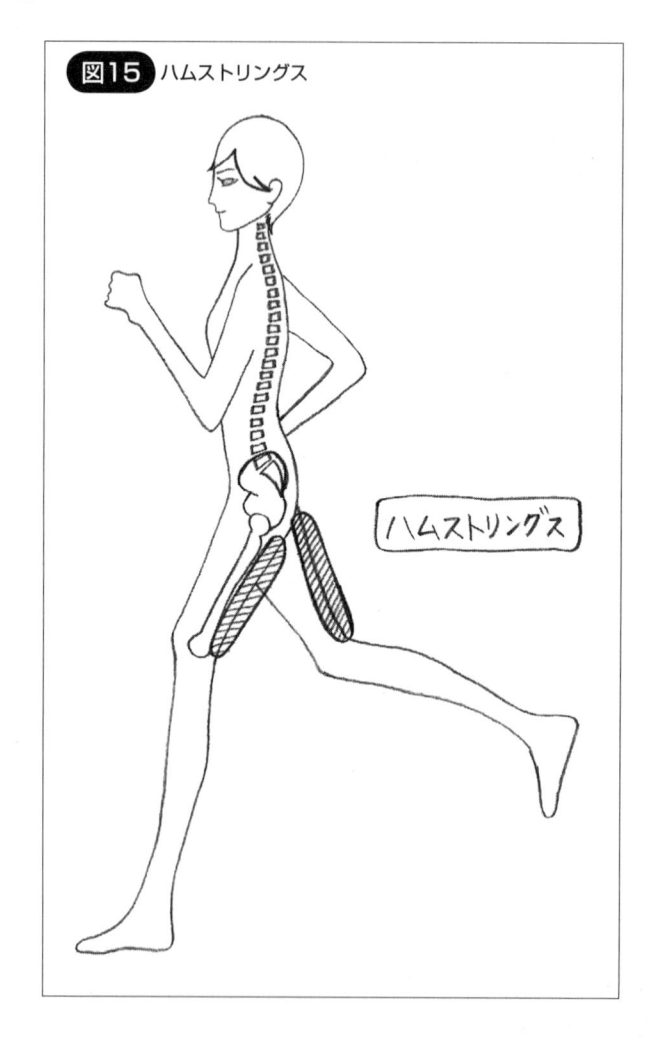

図15 ハムストリングス

ハムストリングス

※17 ハムストリングス：(hamstrings) 太腿の裏側にある筋肉で、膝を曲げたり（屈曲させたり）、太腿を後方へスイングさせる（股関節を伸展させる）ときに使われる筋肉です。詳しくは図15を参照。

⑥『トップスプリンターは大腰筋（腸腰筋）※18を使って走っている。速く走りたければ、大腰筋（腸腰筋）を使えるよう大腰筋（腸腰筋）を意識して走れ！』

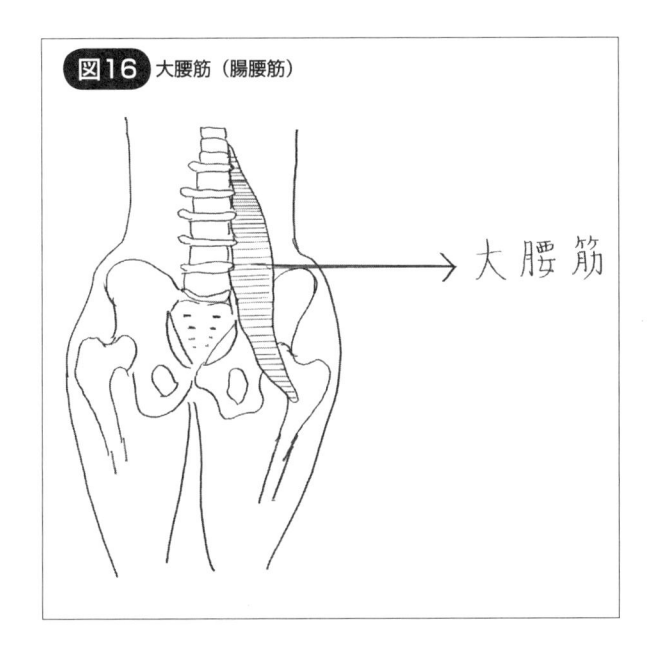

図16 大腰筋（腸腰筋）

このように指導している陸上のコーチがたくさんいます。

しかし、特定の部位を意識して走ると、それ以外の他の部位がしっかりと動かなくなるため全身を使うことができなくなります。

そうなると、速く走ることはできません。

速く走ろうと思えば、特定部位を単独で動かしたり、意識したりしないようにする必要があります。

"特定部位を単独で動かそうとしたり、意識したりしないようにする" ことも自動操縦で動くための大事なポイントだと言えます。

※18 大腰筋（腸腰筋）：太腿を前方へスイングさせる（股関節を屈曲させる）ときに使われる筋肉です。詳しくは図16を参照。

コラム8
解剖学的な見方でしか運動をとらえることができない専門家や指導者！

『アサファ・パウエル選手（ジャマイカのスプリンターで陸上100mの元世界記録保持者）は（傾斜角度が10度くらいの）上り坂でのスタートダッシュを繰り返し行っているので、大腰筋が非常によく発達している。彼が非常に速く加速できるのは、このためである』と、以前あるテレビ番組で専門家（大学の先生や学者）や指導者（トレーナー）が説明していました。

果たして、パウエル選手がすごく速く走れるのは大腰筋が発達しているからなのでしょうか？

彼は上り坂でのスタートダッシュを繰り返し行い大腰筋を発達させたから、世界記録を出すことができたのでしょうか？

答えは"No."だと思います。

確かに大腰筋が発達していることは、パウエル選手が速く走れる要因の一つなのかもしれません。

しかし、大腰筋が発達しているだけでは彼のような速さで走ることはできないはずです。

彼が所属しているジャマイカの（陸上）チームでは、選手全員が上り坂でのスタートダッシュを行い大腰筋を鍛えて（？）いました。大腰筋が発達しているだけで彼のような速さで走れる（世界記録を出せる）のなら、彼のチームメート全員が世界記録を出しているはずです。

パウエル選手が桁違いに（世界記録を出せるほど）速く走れるのは大腰筋が発達しているからではなく、自動操縦を使えるからだと、筆者は考えています。（パウエル選手でも、緊張して力んでしまうと、速く走れなくなります。それは力んでしまうと、自動操縦を作動できなくなるからなのです。）

日本の専門家（大学の先生や学者）や指導者（トレーナー）は解剖学[19]的なお話が大好きで、競技パフォーマンスが高くても低くても、ある筋肉の筋力がその要因となっていることにしたがります。

そして、このことを踏まえて、ある筋肉の筋力を鍛えるトレーニングの有効性を説きたがります。

『・・・選手は・・・筋がすごく発達しているから、高いパフォーマ

※19 解剖学：生物体の形態や構造を観察・記述する学問

ンスを発揮できる。競技パフォーマンスを向上させようと思えば、・・・筋の筋力を鍛える必要がある！』という感じで！

しかし、特定の筋肉の発達の違いを研究したり論じていても、本当に強いスポーツ選手を育てることはできないと思います。

本当に強いスポーツ選手を育てようとするのであれば、違った見地で考える必要があると思います。

コラム 9
バーベルを担いでスクワットを行うスポーツ選手！

非常に多くのスポーツ選手がバーベルを肩に担いで立ったりしゃがんだりして、下半身の筋力を強化しています。

これは、バーベルスクワット[20]といわれるウェートトレーニングの代表的な種目です。

このトレーニングは膝や股関節などの下半身だけを稼動させる（バーベルを担いでいる腕は動かさず、下半身だけを稼動させる）ので、このトレーニングを繰り返し行うと特定の身体パーツだけを単独で動かす癖がついてしまいます（神経回路が出来上がってしまいます）。

そうなると、自動操縦を作動できなくなり、高いパフォーマンスを発揮することができなくなります。

---

[20] バーベルスクワット：肩にバーベルを載せ、膝や股関節を屈伸させて下半身の筋力を強化する、ウェートトレーニングの代表的な種目

Attention 14

バーベルスクワットを継続的に行うと、扱えるバーベルの重さが増えてきて、面白くなってきます。著者も昔はこのトレーニングにはまっていました。300kgくらいのバーベルを担いでトレーニングできるようになり、病みつきになりました。しかし、足は大して速くなりませんでした。（50m走で6秒をやっと切れるくらいにしかなりませんでした。）

下半身の筋力強化のためのおすすめスクワット

　私は選手にバーベルを担いで行うスクワットを指導することはまずありません。

　私が選手に下半身の筋力トレーニングを行ってもらう場合は、"両腕をしっかり振って行う片足でのスクワット"を指導しています。

　これを継続的に行うと、筋力がつき片足でも回数を楽にこなせるようになってきます。

　そうなったら（回数的には20回くらい行えるようになったら）、次は水を入れたペットボトルをリュックに入れ、そのリュックを背中に担いで、片足でのスクワットを行います。腕はもちろんしっかり振ります。

　このやり方なら、下半身だけではなく両腕もしっかり稼動できるので、良いと思います。

　（左右ともそれぞれ10回〜15回×2セットずつ行い、トレーニング頻度は週1回くらいでいいと思います。）

図17 【バーベルスクワット】バーベルスクワットは腕を動かさず、下半身だけを稼動させるので、このトレーニングを繰り返し行うと、自動操縦を作動できなくなり、発揮できるパフォーマンスが低くなります。

腕は稼動させません

図18 【片足スクワット】両腕をしっかり振って片足でスクワットを行うと、全身を（上半身も下半身も）稼動できるので、自動操縦を作動できなくなるようなことはありません。

Attention 15

　筋力を強化しても競技パフォーマンスを（飛躍的に）向上させることはできません。しかし、筋力を強化すると傷害を予防することができるので、筋力トレーニングはある程度は行った方がいいと思います。但し、筋力トレーニングのやり方を間違えると、パフォーマンスの向上の足を引っ張ってしまうので、注意が必要です。

❸ 具体的な実施方法

　"特定部位を単独で動かそうとしたり、意識したりしないようにする"という説明だけでは漠然としていて、具体的には"どのように動いたらいいのか？"わからないと思います。

　そこで具体的な実施方法を競技動作別に説明しますが、まず運動の基本となる走動作（スプリント）から入ります。

サッカーやバスケットボールのように走ったり、ドリブルを行う競技はスプリント動作をベースとしてカイゼンを行っていきますので、これらの競技を行っている人は必ずスプリント動作から練習してください。

Attention 16

スプリント動作は体を最も速く移動させることができる動作です。

どんなにドリブルが上手いサッカー選手やバスケットボール選手でも、ドリブルするよりは走った方が速く移動できます。

そこで、スプリント動作をベースとして、サッカーやバスケットボールの動きを行うことができれば、これらの競技（動作）でも非常に速く動く（移動する）ことが可能になります。

（1）スプリント動作における実施方法

① **特定の関節**（股関節など）、**身体パーツ**（肩甲骨、足など）あるいは**筋肉**（ハムストリングスや大腰筋など）を単独で動かそうとしたり（収縮させようとしたり）、意識したりしないようにします。

② また**姿勢**を作ったり、意識したりしないようにします。

③ 【**スタート**】その上で、**前に振る腕**（＝"リード腕"[21]）、**後ろに引く腕**（＝"引き腕"[21]）および**前方へ送る足**（＝"リード足"[21]）を同時に、それぞれを**動き出しやすいと感覚的に感じる方向へ振って（送って）スタート**しますが、この時に軸足（リード足ではない方の足）で地面を蹴らないようにします。（軸足で地面を蹴ると、軸足が後方へ流れてしまい、その後に軸足つまり次のリード足を前に送るのが遅れ、リード足と両腕を動かすタイミングが合わなくなります。そうなると自動操縦を作動できず、速く走ることができなくなってしまいますので、注意してください。）（図19参照）

『リード腕や引き腕を振ったり、リード足を送る方向』を見つけるときは、頭で考えたり、バイオメカニクスを使って見つけるのではなく、本人の感覚で見つけるようにします。これが速く走る秘訣です。

（頭で考えたり、バイオメカニクスを使って最適な動きを見つけようとしても、最適な動きを見つけることはできません。）

---

[21] "リード腕""引き腕""リード足"：これらは筆者独自の呼称です。以降もこのように表現します。

Attention 17

～スタートの重要性～

　スプリントではスタートがとても大切です。

　スタートが悪いと、悪いスタートの動きをゴールまで引きずってしまうことになります。

　スタートでの悪い動きを、ゴールまでの何秒間かで修正することなどできるものではありません。

　速く走れるかどうかは、スタートでほとんどが決まってしまうと言っても過言ではありません。

図19 **【スプリントのスタート】** リード腕と引き腕とリード足を同時に、それぞれを動き出しやすいと感覚的に感じる方向へ振ってスタートしますが、この時に軸足で地面を蹴らないようにします。（本文③参照）

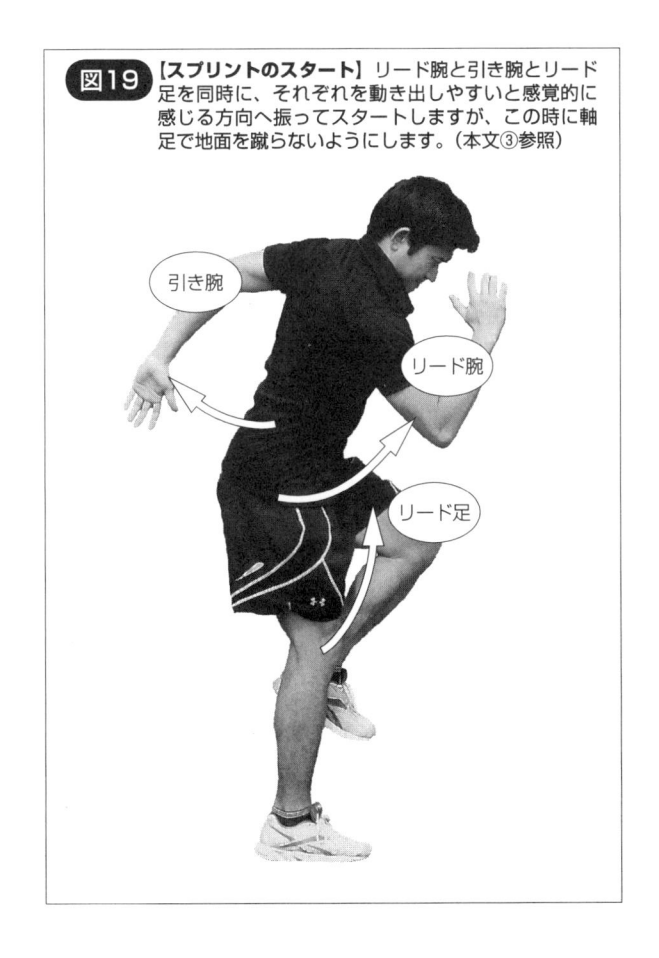

コラム⑩
理性は感性にはかなわない！

　皆さんは子供の頃、自転車の補助輪を外した時のことを覚えていますか？
　(初めから補助輪がついていない自転車に乗れた人はあまりいないでしょう。多くの人が補助輪付きの自転車から乗り始め、途中で補助輪を外したことだと思います。)

　補助輪を外した時は、何回も乗ろうとして（トライして）は転んだのではないかと思います。

　そして、それを何回も繰り返すうちに、気がついたら乗れるようになっていたと思います。

　乗れるようになったのは、何回も乗ろうとするうちに最適な乗り方（動き）を見つけて覚えたからでしょうが、この（最適な乗り方を見つけて覚える）行為は頭で考えて（理性で）行われたのではなく、本人の体の感覚で（感性で）行われたのだと思います。

　もし、最適な乗り方を本人や第三者が頭で考えたり、バイオメカニクスを使って（理性で）見つけ出しその乗り方で乗っていたら、どうなっていたのでしょうか？

　おそらく、本人の感覚（感性）で見つけた乗り方ほど最適な乗り方（動き）にはなっていなかっただろうし、何回も練習しなければ乗れるようにならなかったと思います。

　また一旦乗れるようになっても、練習を怠り頭が動きを忘れてしまうと、再び乗れなくなっていたでしょう。

　さらに練習を継続していても、練習している自転車とサイズが異なる自転車に乗るなど、条件が変わってしまうと、応用が利かず乗れなくなっていたのではないかと思います。

　ところが、本人の感覚（感性）で見つけた（通常はこのパターンだと思います）乗り方（動き）は、本人や第三者が理性で（頭やバイオメカニクスを使って）見つけた乗り方（動き）よりも、はるかに最適であるはずです。

　本人の感覚（感性）で見つけた乗り方なら、練習をほとんどしなくても乗れるようになるし、一旦乗れるようになると、その後しばらく乗っていなくても（練習していなくても）、乗ることができるはずです。

　自転車は一旦乗れるようになると、何年間か乗っていなくても、いきな

り乗ることができます。また今まで乗ったことがない自転車に乗るなど条件が変わっても、応用がきき問題なく乗れると思います。

運動競技を行う場合も、自転車の補助輪を外す場合と同じだと思います。

最適な動きは人によって異なりますが、"その人にとって最適な動きは、その人の感覚が一番よく分かっている"と思います。

スプリントの説明で"『リード腕や引き腕を振ったり、リード足を送る方向』を見つける時は、本人の感覚で見つけるようにします。"と説明しているのは、このためです。

優秀な学者が頭で考えたりバイオメカニクスを使って（理性で）あみ出した動きよりも、選手本人が自分の感覚をもとに（感性で）作り出した（見つけ出した）動きの方が、その選手にとってははるかに最適だと思います。

運動競技に関しては、理性で作られた（頭で考えられた）ものは感性（感覚）によって生み出されたものにはかなわないと筆者は考えています。

④ **スタートしたら**（スタート後の2歩目以降は）、**もうリード腕、引き腕とリード足を意識して振ろうとはしませんが、リード腕とリード足が同時に動いているかを確認しながら走ります。**この確認をすることにより、**3つの身体パーツ**（筆者はリード腕、引き腕とリード足を"**3つの身体パーツ**"と呼んでいます。これ以降もこの表現を使用します）**の動作タイミングがゴールまで狂わないようにします。**

⑤ またスタート後は急激に加速したり（ピッチを挙げたり）、がむしゃらに加速したりしないで、**スタートした時のリズムを崩さないでゴールまで走ります。**

（スタート後は急激に加速したり、がむしゃらに加速するのではなく、リズムを崩さないようにして走り、自然にスピードが上がるのを待ちます。意外にもこの方が速く走れます。）

Attention 18

スタートした後も3つの身体パーツを振ろうとすると、ピッチが上がらず速く走れなくなります。

スタート後は3つの身体パーツを意識して振ろうとしてはいけません。

Attention 19

同時に動いているかどうか？を確認するのは、リード腕とリード足の2つだけです。

引き腕はリード足と連動して動くので、同時に動いているか？を確認する必要はありません。

またあくまで確認するだけで、リード腕とリード足を同時に振ろうと意識してはいけません。（図20 参照）

図20 【スプリントのスタート後以降】スタートした後はスタートで作ったリズムを崩さずに、リード腕とリード足が同時に動いているかを確認しながら走ります。あくまで確認するだけで、リード腕とリード足を同時に動かそう（振ろう）としてはいけません。

コラム⓫
頑張ってがむしゃらに（あるいは必死で）動くと、速く動くことができるのか？

競技種目のいずれかを問わず、日本の選手は試合や練習でがむしゃらに動く（あるいは動き回る）傾向があると思います。

なぜ、日本の選手はがむしゃらに動く（動き回る）のでしょうか？

がむしゃらに動くと、『あいつはがんばっている』と監督や指導者から高く評価されるからだと思います。

監督（指導者）から『がんばっている！』と評価されると、競技パフォーマンスが多少低くても、試合に出してもらえる（もしくはレギュラーに抜擢される）可能性が出てきます。

反対に、監督（指導者）から『あいつはがんばり方が足りない！』と思われると、競技パフォーマンスが高くても、試合に出してもらえなくなる（あるいはレギュラーから外される）可能性があります。

『発揮できるパフォーマンスの高さ』ではなく『がんばっているように見えるかどうか』で選手の評価が決まってしまうのは、極めて日本的だと言えますが、実際には"がむしゃらに動く"と、速く動くことはできるのでしょうか？

答えは"No."です。

がむしゃらに動くと、本人は速く動いているつもりになるのかもしれませんが、実際には速く動くことはできません。

なぜなら、がむしゃらに動くと、リズムを使って動くことができなくなるからです。

リズムを使うことができなければ、どんなにがんばっても、速く動くことはできません。

サッカーやバスケットボールやラグビーなどの集団球技で、がむしゃらに動き回る選手がたくさんいます。（日本の選手のほとんどがそうだと思います）そのような選手はがんばっている（あるいはがんばっているように見える）わりには、速く動けず、すぐに疲れてしまう傾向があると思います。（がんばっている分、疲れやすくなります。）

リズムを使って動くことができれば、がんばってスピードを上げようとしないでも、スピードが勝手に（自然に）上がってくれます。

この方ががんばってスピードを上

げようとするよりも速く動けるし、ボディバランスが崩れることがなく、余裕をもって周りをよく見てプレイすることができます。

またがんばらない分、疲れにくくなります。

スタートしたら必死で（死に物狂いで）加速するスプリンターをよく見かけますが、このようなスプリンターは、たいていゴールを通過する時は大して速くありません。

がむしゃらに動いたり、必死になって動くと、動きのスピードは速くなるどころか、逆に遅くなってしまいます。

①～⑤に示した走り方を何回も繰り返し行っていると、自動操縦モードに入り、手や足が勝手に動くような感じになってくると思います。

（どのくらい練習すれば、自動操縦モードに入るか？は、人によってかなり違います。）

そして、体のふらつきがなくなり、ボディバランスがよくなると思います。

走ると体が捻れていた人でもそのようなことがなくなるし、リード足が内側に入り真直ぐに運ばれなかった人でも、リード足が真直ぐに運ばれるようになると思います。

また、手や足が余分な（体を推進させる上で必要がない）可動域まで振られたり、動いていた人でも、そのようなことが起こらなくなります。

そして　何よりも短距離走のタイムが速くなると思います。

Attention 20

この走り方を繰り返し行うと、自然に（意識しないでも）肘や手首が脱力され、腕が鞭のように振られるようになるはずです。

もし繰り返し行っても、そうならない人は重心が坐骨に乗っておらず、自動操縦を作動できていない可能性があります。

そのような人は重心を坐骨に乗せて、全身を脱力させる練習からやり直して下さい。

（腕が鞭のように振られる動きは、速く走る上では必要不可欠ですが、この動きを意識的に行っても、足は大して速くなりません。無意識のうちに行えるようにならないと意味がないのです。）

筆者の指導経験では、自動操縦モードで少し走れるようになっただけで50m走のタイムを次の表のように短縮した例があります。（この例では自動操縦モー

ドで100％走れるようになったのではなく、せいぜい50％くらいで走れるようになったという感じでしたが、それでも足が速くなりました）

50m走のタイムが短縮された例（タータン、機械計測）

※平均ストライド(m)＝走行距離(m)÷歩数　　平均ピッチ(歩/秒)＝歩数÷タイム(秒)で算出

Aさん　身長175cm　★50mのタイムを9ヶ月27日で1.24秒短縮

日付	距離(m)	タイム(秒)	歩数	ストライド 平均(m)	ストライド 身長の何倍か	ピッチ (歩/秒)
2008/12/11	50	6.47	26.7	1.87	1.07	4.13
2009/10/8 (少しだけ自動操縦モード)	50	5.23	25.1	1.99	1.14	4.80

Bさん　身長182cm　★50mのタイムを9ヶ月27日で0.87秒短縮

日付	距離(m)	タイム(秒)	歩数	ストライド 平均(m)	ストライド 身長の何倍か	ピッチ (歩/秒)
2008/12/4	50	6.30	26.0	1.92	1.06	4.13
2009/10/1 (少しだけ自動操縦モード)	50	5.43	24.3	2.06	1.18	4.48

Cさん　身長177cm　★50mのタイムを5ヶ月4日で0.83秒短縮

日付	距離(m)	タイム(秒)	歩数	ストライド 平均(m)	ストライド 身長の何倍か	ピッチ (歩/秒)
2009/2/5	50	6.60	27.2	1.84	1.04	4.12
2009/7/9 (少しだけ自動操縦モード)	50	5.77	25.0	2.00	1.14	4.33

コラム⑫
スタビライゼーショントレーニングを行えば、走ったり動いている時のボディバランスがよくなるのか？

　ボディバランスを向上させようと、バランスボールやバランスディスクを使ったスタビライゼーショントレーニングを行っているスポーツ選手が結構います。

　しかし、これらのトレーニングで向上できるのは止まった状態でのバランス能力です。こうしたトレーニングを行っても、運動競技のように激しく動き回っているときのボディバランスがよくなるわけではありません。

　運動競技を行っているときのボディバランスを向上させようと思えば、手と足が稼動するタイミングが狂わないようにする必要があります。

　そのためには、自動操縦で動くことができるようにならなければなりません。

コラム⑬
毎日練習する大学や高校の陸上部のスプリンター

　大学や高校の陸上部に所属している短距離選手のほとんどが毎日練習しないと速くならないと考え、毎日全力で走っています。

　毎日全力で走らないと、速く走れるようにはならないのでしょうか？
　答えは"No."だと筆者は思います。
　全力で走ると筋は少なからず破壊されますが、毎日全力で走る練習を繰り返していると破壊された筋肉が回復するタイミングを失ってしまいます。

　そうなると筋肉は強く発達するどころか、弱くなってしまいます。
　筋肉が弱くなると、速く走れるようにはなりません。（速くならないどころか、遅くなってしまう可能性もあります。）

Attention 21
　短距離走のように高い強度の運動を行うと、筋肉は少なからず破壊されます。
　このように破壊された筋肉は、48〜72時間くらいの休息期間を置くことにより修復され、以前よりも強く大きく回復（発達）します。筋肉が休息期間を置

> くことにより強く大きく回復（発達）することを**超回復**と呼びます。
> 　もし回復期間を置かずに高い強度の運動を連日行うと、筋肉は回復（発達）するタイミングを失い、弱くなってしまいます。

　私は何人かのクライアントに様々な頻度でスプリント練習を行わせたことがありますが、タイムを一番短縮できたのは（火曜日と金曜日や水曜日と土曜日のように）中2～3日の間隔を空けた週2回の練習頻度のケースでした。

　1日置きの週3回の頻度でも速くなった方はいましたが、毎日全力で走った場合は誰もタイムを短縮できませんでした。

　全力ではなく筋肉を破壊しない程度（6割くらい）のスピードで、動き作りの練習を行うのであれば毎日走っても問題ないと思いますが、全力で走る場合は週2日～3日くらいの頻度で走った方が速くなると思います。

　大学や高校の陸上部のスプリンターは伝統的に（？）毎日全力で走っているようですが、毎日走ることで自己満足したいのであれば別の話として、本当にタイム自体を短縮したいのであれば、練習頻度を減らし回復期間を置くべきだと思います。

（2）サッカー、バスケットボールにおける実施方法

　サッカーやバスケットボールのように走ったり、ドリブルを行う競技は基本的には前記（1）の"スプリントにおける実施方法"での説明による動きをベースとして、スプリントと同じリズムで行います。

1）サッカーでの実施方法

　最初にサッカーの動きを説明します。

① まずは特定の部位を単独で動かそうとしたり意識したりしないようにします。

　その上で、これから説明することを行ってください。

② 【トラップ・ドリブル・キック】トラップを行うとき、ドリブルを行うとき、そしてキックを行うときのいずれの場合もスプリントの動きをベースとして、スプリントと同じリズムで行います。

Attention 22

　トラップ、ドリブルとキックの３つの動作を全てスプリントの動きをベースとして、スプリントと同じリズムで行うと、『３つの動作は全てスプリントと同じ動きである』と体が認識します。
　"３つの動作はすべて同じ動きである"
と体が認識すると、自動操縦を作動させやすくなります。（体が異なる動きだと認識している動きよりも、体が同じ動きだと認識している動きを連続して行った方が、自動操縦を作動させやすくなります。）

③【ボールにタッチしない助走および走りこみなど】（トラップやキックを行う前に）助走したり、ゴール前に走りこんだりする場合などボールを扱わずに（ドリブルしないで）走る（または移動する）ときがありますが、そのようなときは、(1)のスプリントにおける説明（P.48〜54参照）のとおりの走り方で走ります。

④【ボール扱わないときの方向転換】ただし、（ボールを扱わずに）走りながら進行方向を変える場合は、進行方向を変える時だけ**新しく向う方向へ体を一番向けやすいように、３つの身体パーツを同時に振ります。**（図21参照）

図21
ボールを扱わずに走る時で進行方向を変える時は、新しく向かう方向へ体を1番向け易いように、3つの身体パーツを同時に振ります。

新しく向う方向へ体を1番向け易いように3つの身体パーツを同時に振ります。

⑤【トラップ】トラップする場合は（1）スプリントで説明した走り方で助走してきて、3つの身体パーツを同時に振ってリード足でボールを確保しますが、**前の動作（助走）と同じリズムで行うようにします。**

⑥【ドリブルの開始（ドリブルでのボールのワンタッチ目）】トラップ動作で確保したボールをドリブルで運ぶときは、やはり**3つの身体パーツを同時に振って、リード足でボールをコントロールする**（運ぶ）ことによりドリブル動作を開始しますが、この時も**前の動作（トラップ）と同じリズムで行うようにします。**

⑦【トラップ後に助走（またはステップ）してからドリブルを行う場合】トラップ動作でボールを確保した後、すぐに（次の1歩目で）ドリブル動作に入らず、**何歩か助走（またはステップ）してからドリブル動作に入る場合**がありますが、そのような場合は次のように行います。

　ⅰ）トラップ後、3つの**身体パーツを振ろうとせずに助走（またはステップ）を何歩か行います。**

　ⅱ）そして、それから3つの**身体パーツを同時に振って、リード足でボールをコントロール**する（運ぶ）ことによりドリブル動作を開始しますが、トラップから助走に入る時も、助走からドリブルに入る時も**常に前の動作と同じリズムで行うようにします。**

⑧【ドリブルの継続】リード足でボールをコントロールすることによりドリブル動作を開始したら（**ドリブルでの1回目のボールタッチを行ったら**）、**3つの身体パーツを振ろうとせずに助走（またはステップ）を何歩か行います。**

Attention 23

ドリブルを行うときは、一歩進む度に足でボールを運ぶ（足がボールに触れる）のではなく、何歩か進む間に1回だけ足でボールを運びます（ボールタッチを行います）。足でボールをコントロールしたら何歩か助走（ステップ）し、それから再び足でボールをコントロールするという感じで、ドリブル動作は行われます。

⑨【ドリブルの継続（ドリブルでのボールのツータッチ目以降）】**それから再**

び、3つの身体パーツを同時に振ってリード足でボールをコントロールする（運ぶ）ことにより、ドリブル動作を継続します（ドリブルでの2回目のボールタッチを行います）が、ドリブルを開始して（ドリブルでの1回目のボールタッチを行って）から助走（またはステップ）に入る時も、助走（もしくはステップ）してからドリブルを継続する（ドリブルでの2回目のボールタッチを行う）時も、やはり**前の動作と同じリズムで行う**ようにします。

　このように〈3つの身体パーツを同時に振ってリード足でボールをコントロールすること〉と〈3つの身体パーツを振ろうとせずに助走を行うこと〉を繰り返してドリブル動作を行います。

⑩ **【キック】**ドリブルで運んだボールを蹴る（キックする）時は**3つの身体パーツを同時に振って、リード足でボール蹴ります**が、こちらもやはり**前の動作（ドリブル動作）と同じリズムで行う**ようにします。（⑤〜⑩:図22 参照）

第3章 自動操縦で運動するには 2

図22

トラップする時も ドリブルする時も キックする時も スプリントのリズムを崩さずに "3つの身体パーツ" を同時に振って、リード足でボールを扱うようにします。

トラップ

3つの身体パーツを同時に振ってリード足でボールを確保します

リード足

ドリブル

3つの身体パーツを同時に振ってリード足でボールを運びます。

リード足

キック

3つの身体パーツを同時に振ってリード足でボールを蹴ります。

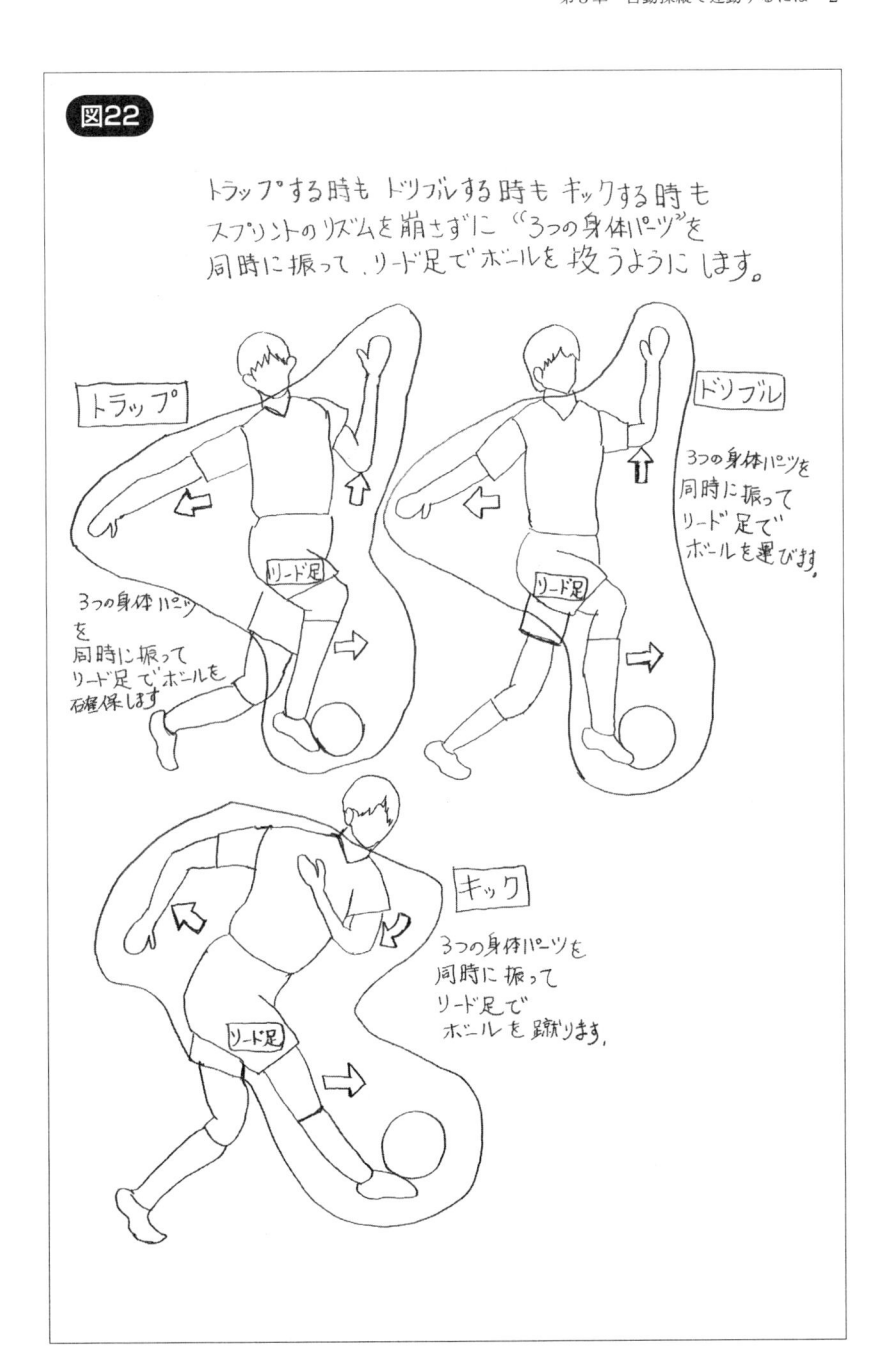

リード足

⑪【3つの身体パーツを振る方向】トラップ・ドリブル・キックのどの動作を行う時も、3つの身体パーツを振る方向はそれぞれの動作を一番行いやすいと感覚的に感じる方向へ振ります。

⑫【トラップやドリブルで進行方向を変える場合】（敵をかわしたりするなどのため）トラップやドリブルで進行方向を変える場合は、新しく向う方向へ体とボールを一番向けやすいように、3つの身体パーツを同時に振ります。（図23 参照）

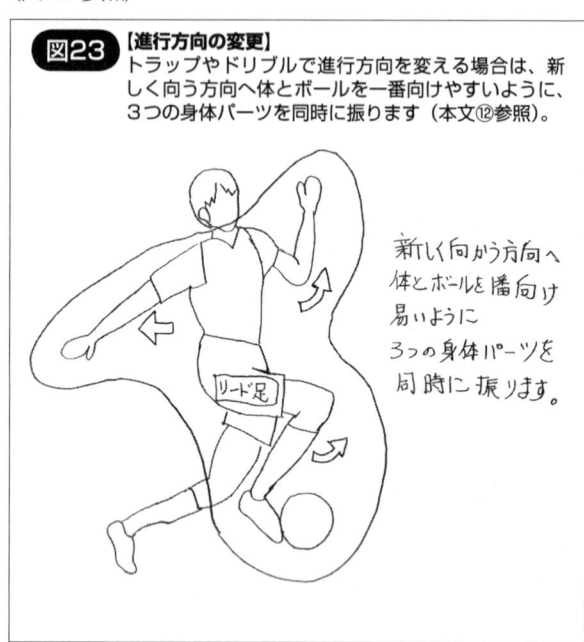

図23【進行方向の変更】
トラップやドリブルで進行方向を変える場合は、新しく向う方向へ体とボールを一番向けやすいように、3つの身体パーツを同時に振ります（本文⑫参照）。

新しく向かう方向へ体とボールを一番向け易いように3つの身体パーツを同時に振ります。

リード足

Attention 24

トラップやドリブルでボールタッチを行う時（足でボールを扱う時）、リード腕や引き腕は動かさず（使わず）に、ボールを扱う（リード）足だけを動かすサッカー選手がいます（ほとんどの日本のサッカー選手がそうだと思います）。

しかし、このやり方では リード足を単独で動かすことになり自動操縦を作動できなくなるし、ボールタッチを行う時、体が止まったり体とボールが離れてしまいます。

体が止まってしまうと敵に囲まれボールを奪われやすくなるし、体とボールが離れてしまうとボールを奪われやすくなるのはもちろん、ボールを見ないとコントロールできなくなります。ボールを見てコントロールしようとすると、周りを見て周囲の状況を把握しながらプレイできなくなり、発揮できるパフォーマンスが低くなります。

高いパフォーマンスを発揮しようとするのであれば、自動操縦を作動させると同時に、トラップやドリブルを行う時、体が止まったり体とボールが離れないようにしなければなりません。そのためには、３つの身体パーツを同時に振って、トラップやドリブルを行う必要があります。

（リード腕を前に振ると腕を振るエネルギーで体を前に進めることができるし、引き腕を後方へ引くとその反作用※22でやはり体を前に進めることができます。だから、リード足でボールを動かすのと同時にリード腕と引き腕を稼動させれば、ボールと体を一緒に動かすことができます。）

※22 反作用：ある身体パーツをある方向へ動かすと、その反動で他の身体パーツが逆方向へ稼動しますが、他の身体パーツが逆方向へ稼動することを反作用と言います。（ある身体パーツを動かすことを作用と言います。）

コラム⑭
積上げ式練習が好きな日本のスポーツ界

　日本ではどんな競技でも、単独動作（サッカーでのボールを蹴るだけの動きやバスケットボールでのボールを投げるだけの動きなどのような１つの競技動作）だけの練習にたくさんの時間がつぎ込まれます。

　多くの指導者がこの単独動作の練習を基礎練習と呼び、とても大切にします。

　サッカーであれば、キックだけの練習・ドリブルだけの練習が徹底的に行われます。野球であれば、キャッチボールがたくさん行われ、バスケットボールであれば、シュートだけを行う練習やパスだけを行う練習にたくさんの時間がつぎ込まれます。

　そして、単独動作の練習が行われた後、習得された単独動作を忠実に（？）組み合わせて連続動作の練習が（紅白戦などで）行われます。

　その結果、サッカー選手はトラップ後に敵をかわしてシュートする場合でも、単独でキックを行うときと同じ蹴り方で蹴ります。バスケットボール選手はドリブルで敵を外してからシュートするときでも、単独でシュートするときと同じ投げ方でシュートします。

　『単独動作をしっかり練習した（**基礎を築いた**）上で　練習した単独動作を組み合わせて連続動作（**応用**）を行う！』

　このような積上げ式の練習（？）が日本のスポーツ界では長い間行われてきました。

　『基礎をしっかり築き、その上で応用を行う！』

一見聞こえはいいのですが、果してこのやり方で競技パフォーマンスは向上するのでしょうか？
　答えは"No."だと、筆者は考えています。
　なぜ"No."かと言いますと、――

単独動作と同じ動き方で連続動作を行うと、ボディバランスが崩れて動作を正確に速く行うことができなくなるし、次の動作へ移行するのに時間がかかってしまうからです。

Attention 25

単独で行う場合のボディバランスがよくなる動き方と、他の動作と組み合わせて行う場合のボディバランスがよくなる動き方は明らかに違います。また単独動作と同じ動き方で連続動作を行うと、技が途切れやすくなるので、次の動作へ移行するのに時間がかかってしまいます。

動作を正確に速く行うことができなかったり、次の動作へ移行するのに時間がかかってしまうと、高いパフォーマンスを発揮することはできません。
　この積上げ式の練習こそが日本の選手のレベルアップを妨げてきた最大の原因だと筆者は考えています。
　日本のサッカー選手（のほとんど）はフリーな状態（敵が周りにいない状態）ではシュートをきちんと蹴ることができます。
　しかし、敵が近くにいて敵をかわしてからシュートを蹴らなければならないときは、精度が低く弱いシュートしか蹴ることができないし、敵をかわしてからシュートを蹴るまでに時間がかかってしまいます。
　日本のサッカー選手がこのようになってしまうのは、敵をかわしてからシュートを蹴るときでも、キックだけを単独で行うときと同じ蹴り方で蹴るからだと思います。
　実際の競技は単独動作ではなく、連続動作で行われます。
　このため、単独動作が上手くなっても連続動作がよくならなければ、実際の競技でのパフォーマンスは向上しません。
　実際の競技でのパフォーマンスを向上させようと思えば、連続動作の能力を向上させなければなりませんが、そのためには、ひとつひとつの動作を単独で練習しそれを組み合わせて連続動作を行うのではなく、連続動作の中で個々の動きを作り上げ習得していく必要があると思います。
　聞いた話では、ブラジルのサッカー

チームは、練習のほとんどの時間を紅白戦などの実戦練習（連続動作）につぎ込むようです。

ジョギングで体を温めて、キック練習をアップ程度に行ったら、後は紅白戦ばかり行うようです。

ブラジルのサッカー選手は実戦（連続動作）の中でキックやトラップなどの動きを習得していて、そのことが彼らの個人能力を高くしているのではないかと、筆者は考えています。

日本のスポーツ界では、動きを作るとき以外でも積上げ式が行われます。

『ウェートトレーニングで基礎筋力をつけてから、競技練習（競技の動き）を行い、ウェートトレーニングでつけた筋力を競技動作の筋力に変えていけ！』

このように指導している、トレーナーやコーチをよくみかけます。

しかし、このやり方ではパフォーマンスは下がることはあっても上がることはないと思います。

確かにウェートトレーニングと運動競技では同じ筋肉を使いますが、両者では体のコントロールの仕方が全く違います。

ウェートトレーニングでは、個々の身体パーツが脳から送られる収縮指示により単独で動きますが、運動競技では体全体が自然に調整され一斉に動きます。

実際の運動競技とは異なる体のコントロール方法で筋力を強化しても、運動競技にマイナスになってこそプラスになることはないと思います。

競技パフォーマンスを向上させようと思うなら、ウェートトレーニングを行った上で運動競技を行うのではなく、運動競技だけを行いそれによって使われる筋肉が自然に鍛えられるようにした方がいいと思います。

日本では運動競技だけではなく、英語などの勉強でも積上げ式が好まれます。

英語の勉強は、まず単語と熟語を覚えて、その後文法を習得し、最後に英文を読解します。

運動と同じで、こちらも一見理にかなっているように見えますが、（積上げ式で勉強すると、勉強をしっかり行ったような気になります）、果して積上げ式の勉強は効果があるのでしょうか？

日本人は英語を6年間（中学3年間＋高校3年間）も勉強しますが、その割には、英語が上手ではありません。（日本よりも英語を勉強する年数が少ない国の人と比べても、日本人は英語が上手だとは言えません。）

このことを考えると、筆者は英語の勉強においても、積上げ式の効

> 果には疑問を感じます。
> 　筆者は日本語の文法、単語や熟語を個別に覚えた記憶はほとんどありませんが、日本語はしっかり話せます。（日本語は母国語なので　話してきた年数が長いため、しゃべれて当た
> り前と言えば、当たり前ですが…。）
> 　単語や熟語や文法を個別に覚えるよりも、文章全体でこれら（単語や熟語や文法）を覚えた方が、語学力が向上しやすいような気がします。

　これまでの説明のとおりの動きを何回も繰り返し行うと、少しずつですが自動操縦モードに入り、体が勝手に動くような感じになってくると思います。（どのくらい練習すれば自動操縦モードに入るか？は、人によってかなり違います。）
　そのようになれば発揮できるパフォーマンスが全く違ってくるはずです。
　連続動作を途切れることなく（流れるように）、スプリントと同じくらいのスピードで行うことができるようになるし、プレイの最中（特にトラップやドリブルでボールタッチを行う時）に体が止まったり減速したりするようなことがなくなります。
　連続動作を途切れることなく、しかも体を止めることなく行えれば、対戦相手はボールを奪う機会を失ってしまいます。その連続動作のスピードがスプリントと同じくらいとなれば、対戦相手は付いて来ることさえできないはずです。
　また体とボールが一緒に動く感じとなり、ボールを奪われにくくなるのはもちろんボールをほとんど見なくてもコントロールできるようになると思います。
　ボールを見ることなくボール・コントロールができれば、激しく動き回りながらでも観客と同じようにピッチ全体を見渡し、的確な判断のもと最適なプレイを行うことができるはずです。

2）バスケットボールの（走りこむ）ドリブル動作での実施方法

　次にバスケットボールのドリブル動作を説明します。

　　　㊟：ここで説明するドリブル動作はスピードを上げて走りこむドリブルです。狭いスペースでボールをキープするようなドリブルではないので、注意して下さい。

　バスケットボールでドリブル（走りこむドリブル）を行う場合も、基本的には前記（1）の"スプリント動作における実施方法"での説明による動きをベースとして、スプリントのリズムで行います。

① まずは特定の関節や身体パーツや筋肉を単独で動かしたり、意識したりしないようにします。
②【ドリブルの開始】その上で、**3つの身体パーツを同時に振ってリード腕でボールをつくことにより、ドリブルを開始しますが、できるだけスプリントのスタートと同じリズムで行うようにします**（図24参照）。
そうすることにより、ドリブルをパワフルにスタートできるようにします。

> **図24**
> 【ドリブルの開始】
> 3つの身体パーツを同時に振ってリード腕でボールをつくことにより、ドリブルを開始しますが、できるだけスプリントのスタートと同じリズムで行うようにします。
>
> リード腕　引き腕　リード足

③【ドリブルの継続】**スタートした後は（2歩目以降は）3つの身体パーツを意識して動かそうとしないで、スタートした時のリズムを崩さないでドリブルを継続します。**（スプリントのスタート後2歩目以降と同じように行います。）（図25参照）

図25
【ドリブルの継続】
スタートした後は（2歩目以降は）3つの身体パーツを意識して動かそうとしないで、スタートした時のリズムを崩さないでドリブルを継続します。（本文③参照）

④**【進行方向の変更】**敵をかわしたりするために、ドリブルで**進行方向を変える**場合は次のように行ないます。

　進行方向を変える時だけ、新しく向う方向へ体とボールを一番向けやすいように3つの身体パーツを同時に振って、リード腕でボールをコントロールします。（図26参照）

第3章　自動操縦で運動するには　2

図26
【進行方向の変更】
ドリブルで進行方向を変える場合は、進行方向を変える時だけ、新しく向う方向へ体とボールを1番向けやすいように3つの身体パーツを同時に振って、リード腕でボールをコントロールします。(本文④参照)

リード腕

Attention 26

ボールをつく腕だけを動かしてドリブルを行うバスケットボール選手がたくさんいます。
(ほとんどのバスケットボール選手がそうだと思います)

　しかし、このやり方では、ボールをつく腕を単独で動かすことになり、自動操縦を作動できなくなるし、体とボールがばらばらに動いてしまいます。

　体とボールがばらばらに動いてしまうと、ボールを奪われやすくなるのはもちろん、ボールを見ないとコントロールできなくなります。

　ボールを見ずにはコントロールできないと、周りを見て周囲の状況を把握しながらプレイすることができなくなり、発揮できるパフォーマンスが低くなります。

　高いパフォーマンスを発揮するためには、自動操縦を作動させると同時に体とボールを一緒に動かせるようになる必要があります。

　そのためには、3つの身体パーツを同時に振って、ドリブルを行わなければなりません。(リード足を前に振ると、足を振るエネルギーで体を前に進めることができる

69

> し、引き腕を後方へ引くとその反作用でやはり体を前に進めることができます。だから、リード腕でボールを動かすのと同時にリード足と引き腕を稼動させれば、ボールと体を一緒に動かすことができます。)

　これまでの説明のとおりの動きを何回も繰り返し行うと、少しずつですが、自動操縦モードに入り、体が勝手に動くような感じになってくると思います。
　（どの位練習すれば、自動操縦モードに入るか？は、人によってかなり違います。）
　そのようになれば、発揮できるパフォーマンスが全く違ってくるはずです。

（3）ピッチングにおける実施方法

① 特定の部位を単独で動かそうとしたり、意識したりしないようにし、ピッチング動作中は終始、ボールを投げる方向（ホームベース）を見るようにします。

②【ステップ動作】その上で、**2本の腕とリード足（軸足ではない方の足）を完全に脱力させて、同時に上から下に落としながら、重心を下方向へ移動させ、その後、2本の腕とリード足を外側へ広げますが、重心を移動させる時は地面を蹴らずに、体全体を下方向に運ぶようにして移動させます。**
　（マウンドは下り勾配になっているので、重心を下方向に移動させようとすると、実際には重心は真下ではなく、下方やや前方へ移動します。）
　（図27及び図29 参照）

①と②を行うと、その後の動作は勝手に行われます。

　2本の腕とリード足の**3つの身体パーツ**（筆者は2本の腕とリード足を"3つの身体パーツ"と呼んでいます。これ以降もこの表現を使用します）を外側へ広げた後は、体が勝手に（意識しないでも）前を向きながら前側の足が接地され、前側の足で重心の移動にブレーキがかかります。

　そして、重心の移動にブレーキがかかると、行き場所を失った並進エネルギー[※23]が体全体を動かし、ボールを投げる腕がスイングされます。（図28及び図29 参照）

※23 並進エネルギー：重心を移動させることにより発生するエネルギーで、人間が体を使って発生させることができる最大のエネルギーだと言われます。

Attention 27

　重心を移動させながら、3つの身体パーツを同時に動かすと、自動操縦モードに入りやすくなります。また重力は下方向に働くので、重心は前方向へ移動させるよりも下方向へ移動させた方が大きなエネルギーを発生できて、速い球を投げることができます。

　重心を下方向へ移動させると、発生できるエネルギーが大きくなるだけではありません。前側の足で並進エネルギーにブレーキをかけやすくなるし、前側の足を接地した後、体がしっかり安定するので、それらの点からも重心は下方向へ移動させるべきだと思います。

　（ほとんどのピッチャーがステップ時に重心を前に移動させようとしますが、下に移動させた方がはるかに速い球を投げることができます。剛速球投手と言われるピッチャーのほとんどがステップ時、重心が非常に低く下がります。）

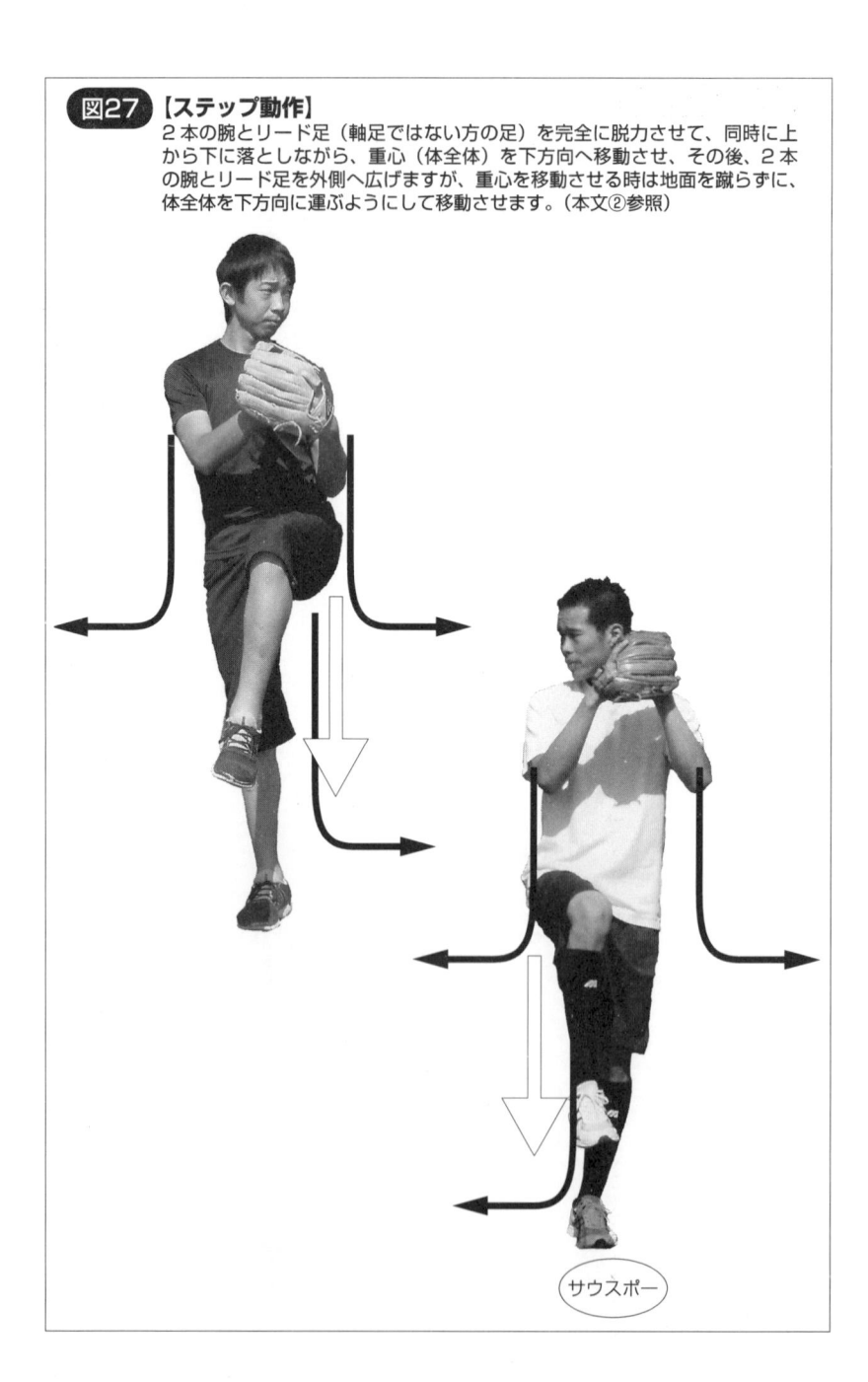

図27【ステップ動作】
2本の腕とリード足（軸足ではない方の足）を完全に脱力させて、同時に上から下に落としながら、重心（体全体）を下方向へ移動させ、その後、2本の腕とリード足を外側へ広げますが、重心を移動させる時は地面を蹴らずに、体全体を下方向に運ぶようにして移動させます。（本文②参照）

サウスポー

第3章　自動操縦で運動するには　2

図28 3つの身体パーツを外側へ広げた後は、体が勝手に（意識しないでも）前を向きながら前側の足が接地され、前側の足で重心の移動にブレーキがかかります。そして、重心の移動にブレーキがかかると、行き場を失った並進エネルギーが体全体を動かし、ボールを投げる腕がスイングされます。

サウスポー

図29

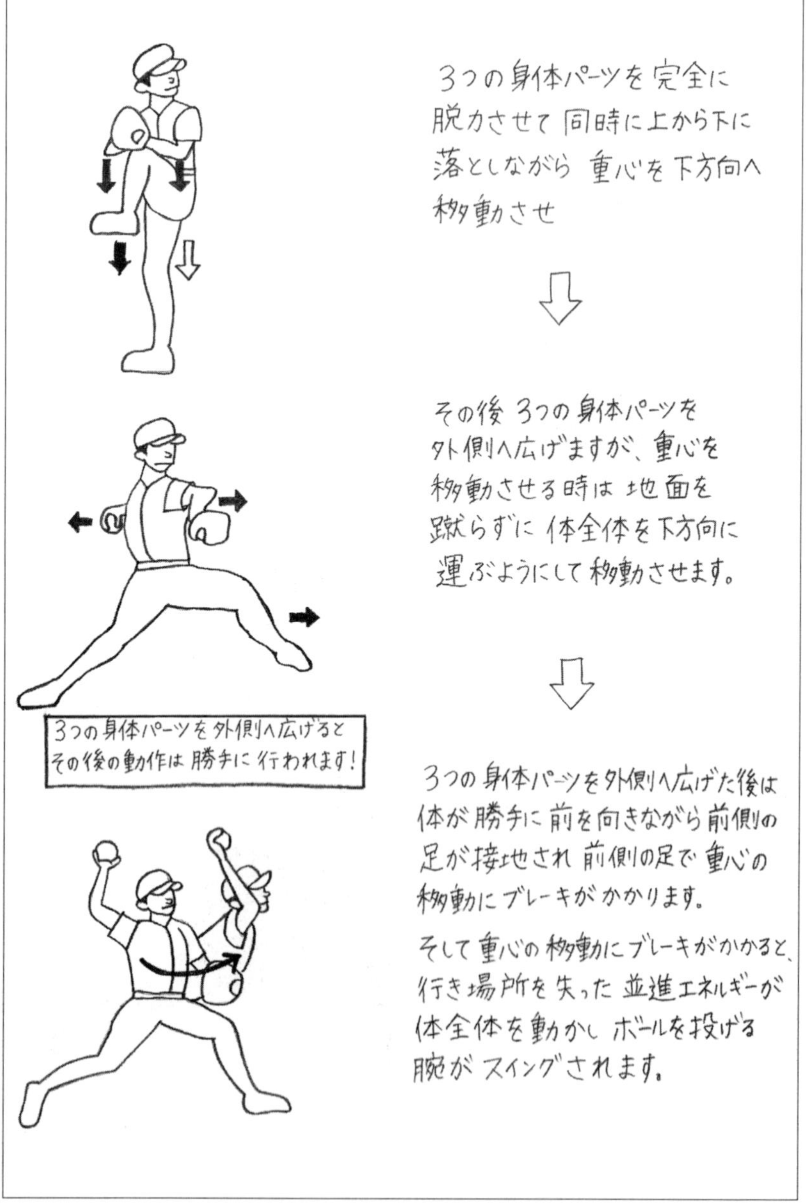

3つの身体パーツを完全に脱力させて同時に上から下に落としながら 重心を下方向へ移動させ

⇩

その後 3つの身体パーツを外側へ広げますが、重心を移動させる時は地面を蹴らずに体全体を下方向に運ぶようにして移動させます。

⇩

3つの身体パーツを外側へ広げるとその後の動作は勝手に行われます！

3つの身体パーツを外側へ広げた後は体が勝手に前を向きながら前側の足が接地され前側の足で重心の移動にブレーキがかかります。
そして重心の移動にブレーキがかかると、行き場所を失った並進エネルギーが体全体を動かしボールを投げる腕がスイングされます。

Attention 28

腕を動かす筋力を使って（腕を振って）球を投げるピッチャーがたくさんいます（ほとんどのピッチャーがそうだと思います）。

しかし、このやり方では腕を単独で動かすことになり自動操縦を作動できないし、大きなエネルギーを利用できないので（腕を動かす筋肉を使っても、大きなエネルギーは利用できません）、速い球を投げることはできません。

また 筋力で体全体を動かし（回したり、前屈させ）、そのエネルギーで腕を振って、球を投げるピッチャーも結構います。確かに体全体を動かせば、腕を動かす筋力を使うよりは大きなエネルギーを利用できますが、このやり方でも自動操縦をしっかり作動できるわけではないし、並進エネルギーほど大きなエネルギーを利用できるわけではないので、やはりたいして速い球を投げることはできません。

速い球を投げようと思えば、自動操縦をしっかり作動させ、大きなエネルギーを利用しなければなりませんが、そのためには重心を移動させ、そのエネルギーを利用して体を動かし（腕を振って）投げる必要があります。

コラム⑮ 重心を固定し、腕を稼動させるベンチプレス

ベンチ台に仰向けに寝て、バーベルを胸の上から上方へ差し上げるベンチプレスというウェート（筋力）トレーニングを非常に多くの人が行っています。
（大胸筋という胸の筋肉・三角筋という肩の筋肉・上腕三頭筋という腕の外側の筋肉を強化する、ウェートトレーニングの代表的な種目です。）

このトレーニングはスポーツ選手だけではなく、スポーツをやっていない人にも人気があります。

しかし、このトレーニングは重心を固定し腕を稼動させるので、このトレーニングを繰り返し行うと重心を固定する癖がついてしまいます。

そうなると運動競技でも重心を固定してしまい（移動できなくなり）、発揮できるパワーが小さくなります。

図30

【ベンチプレス】重心を固定し、腕を稼動させるトレーニングなので、このトレーニングを繰り返し行うと、運動競技でも重心を移動できなくなり、大きなパワーを発揮できなくなります。

重心

重心を固定し、筋力を使います

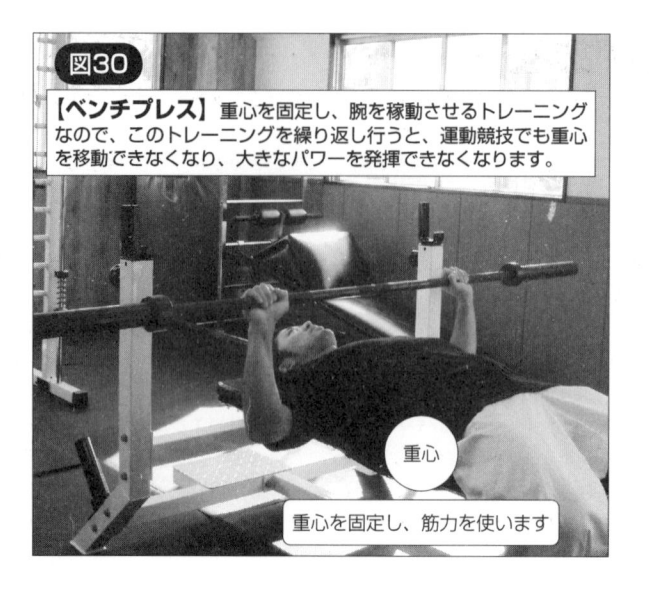

Attention 29

　重心を移動できると、非常に大きなエネルギーである並進エネルギーを発生させることができるので、これを利用すれば大きなパワーを発揮することができます。

　ところが、重心を移動できないと、筋力を使って運動するしかなく小さなエネルギーしか利用できなくなります。（筋力を強化し、強くなった筋力を使っても、重心を移動させるときよりはずっと小さなエネルギーしか発生させることができません。）小さなエネルギーしか利用できないと、当然発揮できるパワーが小さくなります。

　両肩（の後部）を壁につけてパンチを打ってみて下さい。両肩を壁につけずに普通にパンチを打った時よりも、しっかり打てなかったと思います。子供のように弱いパンチしか打てなかったのではないでしょうか！　両肩を壁につけると、弱いパンチしか打てなくなるのは、両肩を壁につけると重心を移動できなくなり、筋力しか使うことができなくなるからです。（図31参照）

第3章　自動操縦で運動するには　2

図31

肩を壁につけて
パンチを打つ

×　← 重心

両肩を壁につけてパンチを打つと、重心を移動できないので、弱いパンチしか打てません。

肩を壁につけずに
パンチを打つ

重心　→

両肩を壁につけずにパンチを打つと、重心を移動できるので、パンチ力が弱くなるようなことはありません。

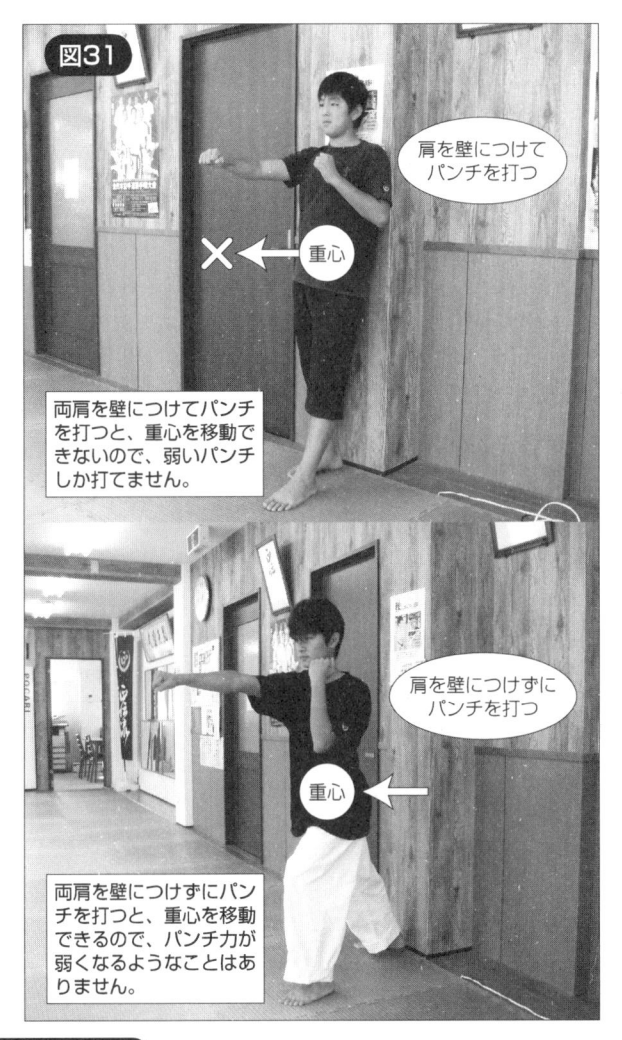

Attention 30

～ピッチングにおけるゼロポジション～

　体（全体）を動かしそのエネルギーで腕をスイングさせると、遠心力がかかって自然にゼロポジション（肩甲棘と上腕が直線になるポジション）がとられます。

　ゼロポジションは合理的な体の使い方を行った結果として起こることであり、意識的にゼロポジションをとって投げたからといって、速い球が投げられるわけではありません。

77

これまでの説明のとおりの動きを何回も繰り返し行うと、少しずつですが自動操縦モードに入り、自然に速い球が投げられるようになると思います。
　（どの位練習すれば、自動操縦モードに入るか？は、人によってかなり違います）
　重心が下方向に大きく移動し（大きな並進エネルギーが発生し）、しかも　前側の足で重心の移動にしっかりとブレーキがかかり、体全体がパワフルに動くはずです。
　そして、体全体が動くエネルギーを利用して、（ボールを投げる）腕が勢いよく振られ、非常に速い球が自然に投げられるようになると思います。

Attention 31

　上述の説明の動きを繰り返して行っていると、自然に（意識しないでも）前側の足で重心の移動にブレーキをかけ、体全体を動かして腕を振る（ボールを投げる）ことができるようになるはずです。

　もし動きを繰り返し行っても、体重が前側の足に完全に乗ってしまい、前側の足で重心（体全体）の移動にブレーキをかけられるようにならなければ、重心が腰に乗っていたり、ステップを開始するとき、地面を蹴っていたり、重心を下方向ではなく前方向に移動させている可能性があります。

　そのような人は重心を坐骨に乗せる練習からやり直したり、地面を蹴らずに重心を下方向へ移動させるようにして下さい。

　また　重心がしっかり移動する前に（あるいは重心がほとんど移動しないで）体が前を向き、(前側の)足が接地されてしまう人がいるかもしれません。重心をしっかり移動できないと、大きなエネルギーを利用できず、速い球を投げることができなくなります。このような人は、3つの身体パーツを下方向に下げる時、重心を移動させようとしていなかったり、3つの身体パーツを下げた後、外側に広げていない可能性があります。（3つの身体パーツを外側に広げないと体はすぐに地面に落ちてしまいます）。3つの身体パーツを下げる時は重心を移動させるようにし、3つの身体パーツを下げた後は外側に広げるようにして下さい。

　ステップ後に体が全く回転しないで（全く前を向かないで）、前側の足が接地される人を時々見かけます。しかし、体が全く回転しないで接地されると、接地後に体をしっかりと動かすことができず、速い球を投げることができなくなります。（反対に体が完全に回り切る、つまり完全に前を向いてから接地されても、接地後　体をしっかり動かすことはできません。体が適度に前を向いてから、前側の足が接地されるのが理想的です。）このような人はボールを投げる方向（ホームベース）を見ないでピッチング動作を行っている可能性があります。ピッチング動作中は終始ボールを投げる方向を見るようにして下さい。

　また　ボールがリリースされる時、ひじがしっかり曲がった状態から伸ばされなかったり、ひじが伸ばされる方向が体の動く方向（体の回転方向や前屈方向）と一致しない人がいるかもしれません。(ほとんどのピッチャーがひじが伸ばされる方向と体の動く方向が一致しませんが、これが一致しないと、腕をパワフルにスイングできなくなるし、

指がボールに引っ掛かりにくくなるので、速い球を投げることができなくなります。）このような人は重心が坐骨に乗っていないため、両腕を完全に脱力できていない可能性がありますので、重心を坐骨に乗せて、全身を脱力させるところからやり直してください。

（前側の足で重心の移動にブレーキをかける動きやリリース時にひじが曲がった状態から伸ばされ、ひじが伸ばされる方向が体の動く方向と一致する動きは結果的に行われていなければ、意味がありません。意識的にそれらの動きを行っても、パフォーマンスは向上しませんので、注意して下さい。）

筆者の指導例のひとつでは自動操縦モードで少し投げられるようになっただけで、球速を次のように速くすることができました。

指導例：Dさんの場合
1時間の指導で、球速を 119 km／h → 137 km／h まで
18 km／h スピードアップ
（指導時間が1時間と短かったため、自動操縦モードで100％投げられるほどにはいたらず、せいぜい20％くらい投げられるようになったという感じでしたが、それでも球が速くなりました。）

コラム16
地面（床）を蹴ることなく重心を移動させる！

重心を移動させることができると、並進エネルギーと言われる非常に大きなエネルギーを発生させ利用することができるので、高いパフォーマンスを発揮することができます。

"重心を移動させること"は運動競技で高いパフォーマンスを発揮するためには必要不可欠なことだと言えます。（運動競技で高いパフォーマンスを発揮するために一番大切なことは重心を移動させることだと、筆者は考えています。）

しかし、重心を移動させる時、ほとんどのスポーツ選手が地面（または床）を蹴ってしまいます。

そして、地面（床）を蹴ることにより発生する反力で、重心（体）を移動させようとします。

サッカーでルーズボールを追いかける時、ほとんどのサッカー選手が地面を蹴ってスタートします。

パンチを打つ時、ほとんどのボク

サーが後側の足で床を蹴ることにより、重心を前に移動させます。

投球する時、ほとんどのピッチャーがマウンドを蹴ることにより、ステップを開始し（重心を前に移動させ）ます。

しかし、地面（床）を蹴ってしまうと、足を単独で動かすことになり、自動操縦を作動できなくなります。

そうなると、地面（床）を蹴る足以外の身体パーツがきちんと動かなくなり、高いパフォーマンスを発揮することができなくなります。

地面を蹴って走り出すと、一見力強く走れそうですが、実際には自動操縦を作動できなくなるので、手と足がばらばらに動いてしまい、速く走ることができなくなります。

（後側の足で）床を蹴ることにより、重心を前に移動させてパンチを打つと、やはり自動操縦を作動できなくなり、前側の足で重心の移動にブレーキをきちんとかけることができなくなるので、強いパンチを打てなくなります。

マウンドを蹴ることにより、ピッチングを開始すると、こちらもやはり自動操縦を作動できなくなり、前側の足で重心の移動にブレーキをきちんとかけることができなくなるので、速い球を投げられなくなります。

高いパフォーマンスを発揮しようと思えば、地面（床）を蹴ることなく重心を移動させる必要があります。

❹ 自動操縦の作動を妨害するトレーニング

自動操縦の実践にあたっては、特定部位を単独で動かそうとしたり意識したりしないようにするだけではなく、**特定部位を単独で動かす次のようなトレーニングの行い過ぎにも注意が必要です。**

（1）ウェートトレーニング

ウェートトレーニングのほとんどの種目が特定部位を単独で動かすトレーニングです。

ウェートトレーニングの単関節運動[24]はもちろん、ウェートトレーニングの多関節運動[25]もこれに当たります。

[24] ウェートトレーニングの単関節運動：レッグエクステンションのように１つの関節だけを稼動させて筋力を強化するトレーニング（図32参照）

[25] ウェートトレーニングの多関節運動：スクワットのように複数の関節を稼動させて筋力を強化するトレーニング（図32参照）

図32 ウェートトレーニングの多関節運動と単関節運動

【レッグエクステンション】
写真のトレーニングは膝だけを稼動させて（伸ばして）筋力を強化するレッグエクステンション（膝を伸ばすときに使われる、大腿の表側にある大腿四頭筋と呼ばれる筋肉を強化するトレーニング）と呼ばれるウェートトレーニングですが、このように1つの関節だけを稼動させるトレーニングを単関節運動と呼びます。

膝

膝だけを稼動させます

【（バーベル）スクワット】
写真のトレーニングは膝と股関節を稼動させて筋力を強化するスクワット（下半身全体の筋肉を強化するトレーニングで、ウェートトレーニングの代表的な種目）と呼ばれるウェートトレーニングですが、このように2つ以上（複数）の関節を稼動させるトレーニングを多関節運動と呼びます。

股関節

膝

股関節と膝を稼動させます

> **Attention 32**
>
> "ウェートトレーニングの多関節運動はたくさんの筋肉を収縮させ、複数の関節を同時に稼動させるので、運動競技に向いたトレーニングである"と一般的には言われています。
> しかし、多関節運動でも同時に稼動される関節の数は、体全体の関節の数からするとごくわずかに過ぎないので、(たくさんの筋肉を収縮させていても、そのほとんどがアイソメトリクス的な収縮[※26]なので、稼動する関節はごくわずかです) 多関節運動も特定部位を単独で動かすトレーニングだと言えます。

(2) ラダートレーニング

ラダートレーニング[※27]も特定部位だけを単独で動かすトレーニングだと言えます。

> **Attention 33**
>
> ラダートレーニングを行うと、足が狭い枠の中からはみ出さないようにするため、自然に(本人の意志にかかわらず)全身を使わず、足先だけを使って動いてしまうので、ラダートレーニングも特定部位を単独で動かすトレーニングだと言えます。
> (全身を動かすとストライドが広がり、足が枠の外にはみ出てしまうので、枠の中だけで足を動かそうとすると、自然に全身を使わず、足先だけを動かしてしまいます。)

これらのような特定部位を単独で動かすトレーニングをたくさん行うと、特定部位を単独で動かす神経回路が出来上がり、自動操縦を作動できなくなります。

そうなると、発揮できるパフォーマンスが低くなります。

運動するときは特定の部位(身体パーツや関節や筋肉)を単独で動かそうとしたり、意識したりしないようにすると同時に、そのような動きになるトレーニングもたくさんは行わないようにします。

> **Attention 34**
>
> ウェートトレーニングで筋力を強化すると、手動操縦で動いている選手はパフォーマンスが多少良くなるかもしれませんが、自動操縦で動く選手には到底及びません。

※26 アイソメトリクス的な収縮:(isometric contraction)等尺性筋収縮(とうしゃくせいきんしゅうじゅく)とも呼ばれ、筋が長さを変えずに収縮されることを指します。

※27 ラダートレーニング:(ladder training)紐梯子(ひもはしご)を床(または地面)に置いて、紐を踏まないように、紐梯子の枠の中にだけ足を着地して走るトレーニングで、一般的には俊敏さを養うことができると言われています。(図33参照)

図33 ラダートレーニング（本文（2）参照）

コラム⑰
スタミナをつけるために、ダッシュだけを繰り返すスポーツ選手

　スタミナをつけるために、ひたすらダッシュだけを繰り返すラグビー選手がいます。サンドバックを全力で叩くしかスタミナをつける方法を知らない格闘家がいます。400mを何本も全力で走る練習しか行わない（陸上の）400mの選手がいます。

　しかし、ダッシュのように心拍数を高く上げる練習（またはトレーニング）だけでは、スタミナを飛躍的に向上させることはできません。(最初だけ少し向上したら、あとは頭打ちになります。それでもがんばり続

けると、怪我をしやすくなります。)

　ダッシュのように心拍数を高く上げる運動を無酸素運動[※28]と呼びますが、無酸素運動を行うと、心筋（心臓の周りにあり心臓を鼓動させる筋肉）を発達させることができると言われています。

　一方、ジョギングやウォーキングのように低い心拍数で行われる運動を有酸素運動[※29]と呼びますが、有酸素運動を行うと、心臓の容量を広げることができると言われています。

　スタミナをしっかりつけようと思えば、無酸素運動を行い心筋を発達させるだけではなく、有酸素運動も行い心臓の容量を広げなければなりません。(無酸素運動の能力を向上させる場合でも、無酸素運動だけではなく有酸素運動も行わなければなりません。)

　このように説明すると、有酸素運動と無酸素運動を同時に併行して行おうとする人がいるかもしれません。

　しかし、両者を併行して行ってはいけません。

　無酸素運動で（心臓を覆っている）心筋を発達させてしまうと、有酸素運動を行っても心臓の容量を広げることができなくなるからです。

　心臓の容量を広げ心筋も発達させようと思えば、有酸素運動だけをある一定期間行い、それから無酸素運動を行う必要があります。

Attention 35

　心筋は血液を送り出すポンプの役割を果たし、心臓は血液を貯蔵するタンクの役割をしていると考えれば、分かりやすいかもしれません。

　タンクの容量が小さくて蓄えられている血液の量が少なければ、いくらポンプの出力が強くても、十分な血液を送り出すことはできません。

　高強度な無酸素運動しか行わないと、丁度このような状態になると思います。また有酸素運動は行わず無酸素運動ばかり行っていると、少ない血液を強い出力で送り出すことになり、血圧が高くなると言われています。

　『スポーツジムで、有酸素運動は行わず無酸素運動であるウェートトレーニングばかり行っていたら、高血圧になってしまった』という話を聞いたことがありますが、わかるような気がします。

※28 無酸素運動：酸素なしで行う運動のことですが、呼吸をしない運動ではなく、エネルギーを生み出すのに酸素を必要としない運動のことを指します。

※29 有酸素運動：酸素を消費する方法で筋収縮のエネルギーを発生させる運動のことを指します。

第 4 章
自動操縦で運動するには　3
〜アクセント（強弱）のあるリズムを使って動く〜

次は――
アクセント（強弱）のあるリズムを使って動くようにします。

❶ リズムを使った動きの必要性

　日本のほとんどのスポーツ選手がリズムを使って動くことができません。
　競技種目のいずれかにかかわらず、このことが言えると思いますが、リズムを使って動くことができないと、頭で考えて動くしかなく、体が勝手には動いてくれなくなります（自動操縦を作動できなくなります）。
　そうなると連続動作を行った時、次の動作へ移行するのに時間（リードタイム）がかかってしまい、流れのある動き（連続動作）を行うことができなくなります。
　リズムを使って動くことができると、体が勝手に動いてくれて（自動操縦が作動し）、連続動作を途切れることなく速く行うことができます。
　リズムで動くと『・・・・しながら・・・する』という感じの動きになりますが、頭で考えて動くと『・・・・を行い、それが終わってから・・・・を行う』という感じの動きになります。
　リズムを使って動くことも自動操縦で動くための条件の1つだと言えます。

コラム⓳
サッカーの日本代表とブラジル代表の違い

　サッカーのワールドカップ・ドイツ大会（2006年開催）でのブラジルvs日本の試合（4対1でブラジルの完勝）を見た人は　ブラジル代表選手と日本代表選手の個人能力が全く違うことがわかったと思います。
　ブラジル代表選手は日本代表のDF（ディフェンダーと呼ばれるサッカーの守備的なポジション）がまるでいないかのように、簡単に（ドリブルで）抜き去ってしまいます。
　またブラジル代表選手はトラップ

やドリブルでボールを扱うとき、体が止まることがないので、ボールを奪われることがまずありません。

さらにブラジル代表選手はボールを扱うとき、体とボールが離れることがありません。

体とボールが離れなければボールをほとんど見ずにコントロールできるので、観客のようにピッチ全体を見渡し、周りの状況を正確に把握しながらプレイすることができます。

ブラジル代表選手は予測していなかったプレイを突然行わなければならなくなったときでも、応用がきき余裕をもって正確に速く対応することができます。

またがんばらなくても、スピードが勝手に上がる感じで、90分間疲れることなく非常に速く動き続けることができます。

ブラジル代表選手は敵から強いプレッシャーをかけられても、ボディバランスが崩れることがありません。

このため強いプレッシャーをかけられても、周りをよく見て正確に速く、しかも余裕をもって、プレイすることができます。

一方、日本代表選手はトラップやドリブルでボールを扱うとき、体が止まってしまいます。

体が止まってしまうと、敵に囲まれボールを奪われやすくなります。

また日本代表選手はボールを扱うとき、体とボールが離れてしまいます。

体とボールが離れてしまうと、(ボールを奪われやすくなるのはもちろん)ボールを見ずにコントロールすることができなくなります。

ボールを見ずにコントロールできないと、周りを見て周囲の状況を把握しながらプレイすることができなくなります。

周囲の状況を把握しながらプレイできないと、判断を誤る可能性が高くなります。

日本代表選手は日頃練習していないコンビネーション（連続動作）を急遽(きゅうきょ)行わなければならなくなると、応用がきかず精度が低く遅い動きしかできなくなってしまいます。

また日本代表選手は、がむしゃらに(必死で)動いている割にはスピードが遅く、練習量が豊富な割には(がむしゃらに動いている分)すぐに疲れてしまう傾向があると思います。(後半になると足が止まる傾向があります。)

Attention 36

　サッカーだけではなく、バスケットボールやラグビーでも、日本の選手は(練習量の割には)疲れやすく、後半に入ると足が止まってしまう傾向があると思います。走り込みの量を増やして、それを克服しようとするようですが、たくさん走り込んでも、根本的な原因を取り除かない限り、この問題は解決しないと思います。

　さらに日本代表選手は敵から強いプレッシャー（ボールを奪ったりするために、敵を追いかけたり、敵に圧力をかけること）をかけられ、それをかわすために激しく動き回ると、ボディバランスを崩してしまいます。

　そうなると、周りを見ることができなくなり、余裕がなくなってしまうし、正確に速く動くことができなくなります。

　ブラジル代表選手と日本代表選手では個人能力があまりにも違い過ぎますが、この違いは何処から生まれてくるのでしょうか？

　どうしたら、ブラジル代表選手のような個人能力を身に付けることができるのでしょうか？

　最新のトレーニングを行えば、ブラジル代表選手のような個人能力を身に付けることができるのでしょうか？

　答えは"No."だと思います。

　日本のサッカー界では現在様々なトレーニングが行われています。

　俊敏さを養うアジリティトレーニング[30]、筋力を強化するトレーニング、バランス感覚を向上させるスタビライゼーショントレーニングなど……。しかしブラジル代表のような個人能力を持った選手は全く出て来ません。

　日本ではたくさんのサッカー選手がアジリティトレーニングを行っています。

　しかし、ロナウド（ブラジル代表選手）のようなスピードで敵のDFを置き去りにできるストライカー（点をとることが使命となっている選手）は全く出て来ません。

　日本にはコア（体幹）[31]の筋力を強化したり、スタビライゼーショントレーニングを行っている選手がたくさんいます。

　しかし、複数のDFからプレッ

※30　アジリティトレーニング:俊敏さを養うと言われるトレーニングで、(前述した) ラダートレーニングなどがある。(P.8 ※2 参照)
※31　コア（体幹）:運動するときに体の軸となる胴体部分。

シャーをかけられたときでも、ボディバランスを崩すことなく周りをよくみて（状況を正確に把握し）、最適な場所に最適なタイミングで正確なパスを出せるロナウジーニョ（ブラジル代表選手）のような選手もやはり出て来ません。

非常に多くの人が勘違いしていますが、トレーニングで基礎体力や基礎能力を養ったからと言って、個人能力を桁違いに向上させブラジル代表のような選手になれるわけではないのです。

（それがどれだけすごいトレーニングであっても）トレーニングが日本のサッカー選手をブラジル代表のような選手に導いてくれるわけではありません。

ではどうしたら、ブラジル代表選手のような個人の能力を身につけることができるのでしょうか？

ブラジル代表選手のような個人能力を身に付けようと思えば、リズムを使ってプレイすることにより、自動操縦を作動させる必要があります。

他には方法がないと思います。

リズムを使ってプレイすることにより自動操縦を作動できるようになれば、日本の選手でもブラジル代表選手のような個人能力を獲得できると、筆者は考えています。

ワールドカップのテレビ解説者が『日本のサッカー選手がブラジル代表並みの個人能力を身に付けようと思えば、何十年もかかってしまう。だから日本代表が世界で戦おうと思えば、組織力を向上させるしかない！』と言っていましたが……。

日本の選手だって、リズムを使って動き自動操縦を作動できるようになれば、何十年もかけなくても、ブラジル代表選手のような個人能力を獲得できるはずです。

（リズムを使って動けるようにならなければ、何十年どころか何百年たっても、ブラジル代表選手のような個人能力は獲得できないと思います。）

❷ 自動操縦を作動しやすくするリズム

リズムには『タ、タ、タ』という単調なリズムと『タ、タ、ターン』や『ターン、ターン、ターン』というアクセントつまり強弱のあるリズムとがありますが、アクセント（強弱）のあるリズムを使うことができると、自動操縦をしっかり作動させやすくなるし、発揮できるパワーが非常に大きくなります。

アクセント（強弱）のあるリズムで動くと、複雑な（切り返しや回り込みなど

直線以外の）連続動作を行っている時でも大きなパワーを発揮することができます。（複雑な連続動作を行っている時は、通常であれば大きなパワーは発揮できません。）

　皆さんはサッカーのブラジル代表のロナウドという選手をご存知ですか？（ポルトガル代表のクリスティアーノ・ロナウドではなく、ブラジル代表のロナウドです）ワールドカップの最多得点記録を持ち、最強のストライカーと言われるサッカー選手です。
　彼はただリズムでプレイするだけではなく、アクセント（強弱）のあるリズムで動きます。その結果、複数のＤＦをかわすために複雑な動きを連続して、しかもハイスピードで行いながらでも、非常に強いシュートを蹴ることができるのです。
　複雑な動きを連続して、しかもハイスピードで行いながらシュートを蹴ると、普通の選手なら、ヘナチョコな（弱くて精度が低い）シュートになってしまいますが、彼はそのようなときでも、フリーキックのように強いシュートを蹴ることができます。
　それはアクセント（強弱）のあるリズムを使って動くことができるからです。
　アクセント（強弱）のあるリズムで動くことができると、複雑な連続動作を行っている最中でも、非常に大きなパワーを発揮することができます。

❸ アクセント（強弱）のあるリズムでプレイする方法〜競技別説明

　それでは、アクセントのあるリズムを使って動く（プレイする）方法を競技動作別に説明して行きます。

（１）スプリント

　通常は『タ、タ、タ』という単調なリズムで走っていると思います。
　これをアクセントのある、『ターン、ターン、ターン』というリズムに変えて走ります。
　具体的には『ターン、ターン、ターン』と小声を出しながら（あるいは頭の中で叫びながら）、それに合わせて走ります。
　前章（第３章）で説明したように、３つの身体パーツを同時に振ってスタートし、

それ以降はリズムを崩さずに、リード腕とリード足のタイミングが合っているかを確認しながら走りますが、『ターン、ターン、ターン』と小声を出しながら（あるいは頭の中で叫びながら）、それに合わせて走ります。

何回も繰り返し行うと、体がよりパワフルに勝手に動くような感じになってくると思います。

そのように感じてきたら、タイムを計ってみて下さい。

タイムが結構速くなっていると思います。

コラム⑲
ウサイン・ボルト選手のように桁違いに速く走るには！

ウサイン・ボルト選手（ジャマイカ）が世界陸上ベルリン大会の男子100mで9.58秒、同200mで19.19秒と言う驚異的な世界記録を出して優勝しました。

9.58秒や19.19秒というタイムは言葉では表現できないくらい凄いタイムですが、彼はなぜ桁違いに速く走ることができるのでしょうか？

『彼は身長が高いから、速く走れる！』

『彼は人種的に速く走れる！』

このような声が聞こえてきそうですが、はたしてそうでしょうか？

いずれも答えは"No."だと思います。（これらのことも少しは関係あるかもしれませんが、彼が速く走れる決定的な要因ではないと思います。）

ボルト選手が桁違いに速く走れるのは、腕を前に振るエネルギーをしっかり使って体を推進できるからだと、筆者は考えています。

9秒台の自己ベストを持ち、100mのファイナルまで残った選手は皆、腕を前に振るエネルギーを使って体を推進できていましたが、その中でも、ボルト選手は腕を振るエネルギーを1番しっかり使うことができていました。

Attention 37

10.0秒の壁を破ることができない（9秒台で走ることができない）スプリンターは腕を振るエネルギーをほとんど使えていませんでした。

　腕を振るエネルギーを使えないと、足で地面を蹴って推進するしかありませんが、足で地面を蹴って走ると、広いストライド（歩幅）と高いピッチ（1秒間に地面を蹴る回数）を両立させることができなくなります。

　（足で地面を蹴って走る人がストライドを広げるには、地面を強く蹴るしか方法がありませんが、地面を強く蹴ると接地時間[※32]が長くなりピッチが下がってしまいます。足で地面を蹴って走る人がピッチを上げようとすると、地面を強く蹴れなくなりストライドが狭くなってしまいます。足で地面を蹴って走る限り、広いストライドと高いピッチを両立させることができません。）

　広いストライドと高いピッチを両立させることができなければ、トップスピード（最高速）が遅くなり、速く走ることができません。

　ボルト選手が桁違いに速く走れるのは、腕を（前に）振るエネルギーをしっかり使って、体を推進できるからだと言えます。

　では、ボルト選手のように腕を前に振るエネルギーを使って体をしっかり推進させるにはどうしたらいいのでしょうか？

　『腕をしっかり強く振ればいいのでは！』と思う方がいらっしゃるかもしれません。

　しかし、腕をしっかり強く振って走ったからといって、腕を振るエネルギーを利用して体を推進できるわけではありません。

　（厳密に言えば、腕をただしっかり強く振るだけでも、体を少しは推進できますが、その程度では大して速く走ることができません。）

　一般のスプリンターは走るとき、三角筋[※33]という肩の筋肉（前部）を使って腕を前に振っていますが、ボルト選手は広背筋[※34]という背中の筋肉を使って、腕を前に振っていると、筆者は考えています。

※32 接地時間：足が地面についている時間
※33 三角筋：腕を前に振ったり（肩を屈曲させたり）、横に振ったり（肩を垂直外転させたり）、後に振る（肩を伸展させる）時に使われる、肩の筋肉です。（図34参照）
※34 広背筋：広背筋は一般的には　腕を体よりも後ろへ引いたり（肩を伸展させたり）、腕を体の外側から内側に閉じる（肩を垂直内転させる）筋肉であると言われていますが、腕を体よりも後から体の方（前方）へ引き付ける作用もあります。（図35参照）

図34 三角筋（※33参照）

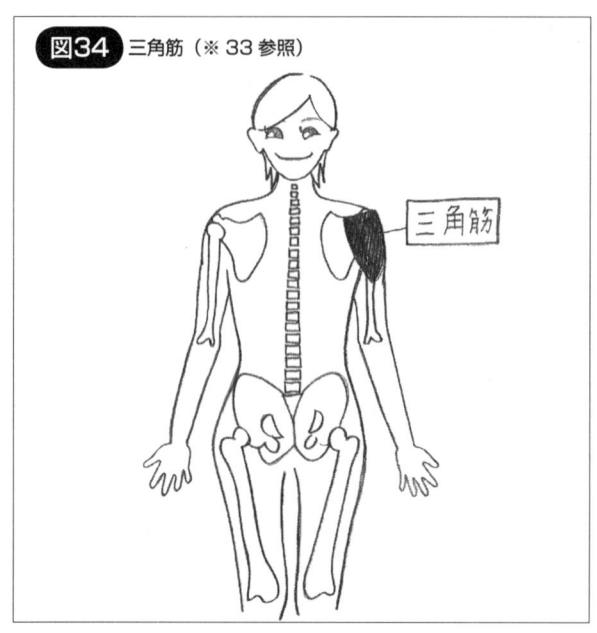

→ 三角筋

図35 広背筋（※34参照）

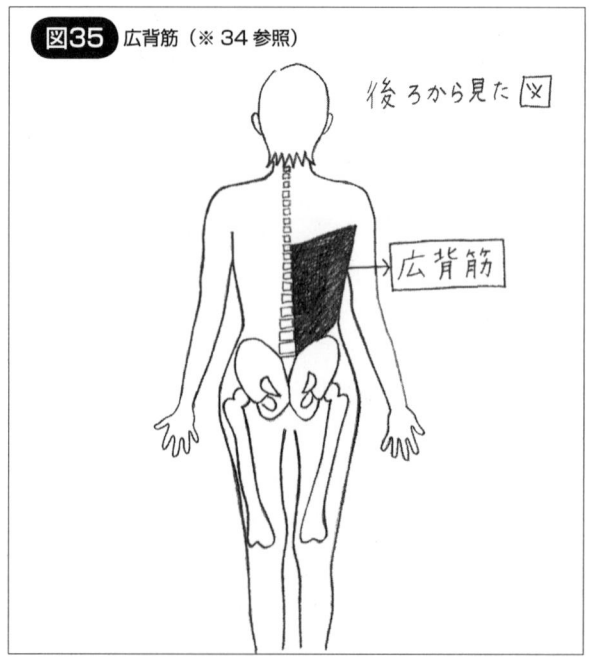

後ろから見た図

→ 広背筋

一般のスプリンターのように 三角筋を使って腕を前に振ると、腕が（体よりも）後から前に振られた後、体の横を通り過ぎて、体よりも前まで振られてしまいます。

そうなると、腕で体を運ぶことができなくなってしまいます。

（体は後方に残り、腕だけが前に行ってしまう感じになります。）（図36参照）

ボルト選手のように、広背筋を使って腕を前に振ることができると、腕が（体よりも）後から前に振られ、体の真横に来た（体と並んだ）時、腕が体にくっつく感じで、体を一緒に前に運んでくれます。（図37参照）

図36

三角筋を使って 腕を前に振ると
⇓
腕は体を通り越して体よりも前まで振られてしまいます。
結果として 腕だけが前に行って 体は後ろにとり残される感じになります。

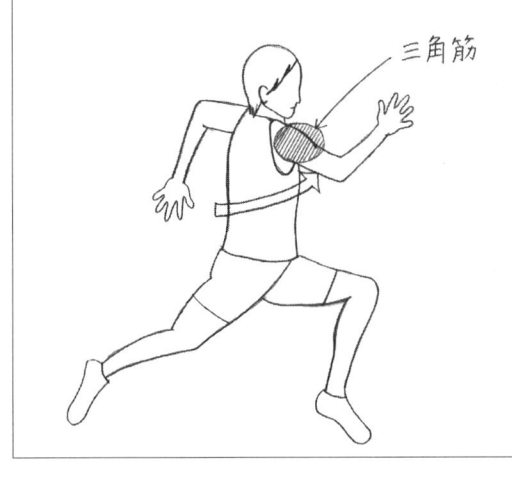

三角筋

図37

広背筋を使って腕を前に振ると
↓
腕が体を一緒に前に運んでくれます。

広背筋

腕が体を一緒に
前に運んでくれます。

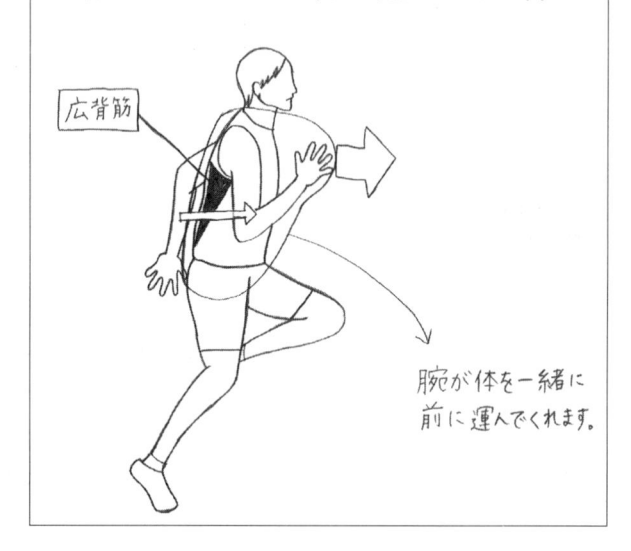

Attention 38

広背筋を使って腕を前に振ると、腕を体の方へ引き付ける作用が働くので、腕が体を一緒に前に運んでくれます。
　一方、三角筋を使って腕を前に振ると、腕を体から（前に）遠ざける作用が働くので、腕が体を運んでくれることがなく、腕だけが前に行って（振られて）しまいます。

　腕を前に振るエネルギーを使って体を（前に）推進させるには、広背筋を使って腕を（前に）振る必要がありますが、どうすれば、広背筋を使うことができるのでしょうか？
　『広背筋を意識して腕を振れば、広背筋を使えるのでは！』
と言う声が聞こえてきそうです。
　しかし、広背筋を意識して腕を振ると、特定の身体パーツを意識することになり、自動操縦を作動できなくなります。
　腕を振るエネルギーで体を運べるようになっても、自動操縦を作動で

きなければ、速く走ることができません。

では、どうしたらいいのでしょうか？

難しく考えなくても、自動操縦を作動できるようになれば、自然に腕を前に振るエネルギーを使えるようになると思います。

自動操縦を作動できるようになると、全ての身体パーツが最適に動いてくれるので、腕も当然走るために最適な振り方で振られてくれると思います。

走るために最適な振り方で腕が振られると、体を前にしっかり推進できるように自然に広背筋を使って腕が振られるはずです。

（本人に聞いたわけではないですが、ボルト選手は"広背筋を使って腕を振ろうとしている"わけではないと思います。自動操縦で動くことにより動きが最適化され、その結果、広背筋が自然に使われているのだと思います。）

Attention 39

第2章の5『重心を坐骨の真上に乗せる練習』で"重心が坐骨に乗った状態から走り出すと、体が自然にどんどん前に（あるいは前方のやや上向きに）推進して速く走れる"と記述しましたが、重心が坐骨に乗った状態から走り出すことにより、体が自然にどんどん前に推進することも、ボルト選手が速く走れる要因だと言えます。

（2）サッカー

ドリブルで相手をかわす**ドリブル突破の動きとドリブル→キック（シュートまたはパス）の連続動作**を例に説明します。

① まずは**ドリブルを行いますが、『1、2、3』と言う単調なリズムではなく、『1、2、さーん』というアクセント（強弱）のあるリズムでドリブルを行います。**（『さーん』の部分を強調し、アクセントを入れます。）

　　前章（第3章）で説明したように、**3つの身体パーツを同時に振って、リード足でボールをコントロールすることにより、ドリブルをスタート**します。

② その後は**頭の中で『1、2』と2拍子をカウントしながら、それに合わせてステップを2回踏み**ますが、この時はボールタッチを行わないようにします。

③ そして、**次にやはり頭の中で『さーん』と長めの（2拍子分の時間をかけて）1拍子を強くカウントしながら、それに合わせて3つの身体パーツを同時に**

振って、リード足でボールをコントロールします（ボールタッチを行います）が、この動きを強めにしっかり行い、この動きにアクセントを置くようにします。

> 1（ステップのみ）→ 2（ステップのみ）→さーん（3つの身体パーツを同時に振って、リード足でボールをしっかり強くコントロールする）

の動きを何回も繰り返してドリブルを行いますが、スピードが上がってもボールをしっかりコントロールできるように、ドリブルを『真直ぐ』行わず、『ジグザグ』や『斜めに』行います。（図38参照）

図38

アクセント（強弱）のあるリズムでドリブルを行いますが、ドリブルを行う時は真直ぐに行わず、ジグザクに行います。

Attention 40

　日本のサッカー選手は最短距離で目的とする場所まで移動しようと、ドリブルを真っすぐに行う傾向があります。

　しかし、ドリブルを真直ぐに行うと、ボールの重さが人間の重さよりも軽いため、人間よりもボールが先に転がってしまいます。そうなると、ボールをしっかりコントロールすることができなくなり、アクセントのあるリズムでドリブルすることができなくなります。(ボールをしっかりコントロールできなくなるので、目的とする場所へ速く行くことも、もちろんできなくなります。)

　このアクセントのあるリズムでのドリブル、つまり『1、2、さーん』のドリブルを何回も繰り返し行っていると、体が勝手に動いて（自動操縦モードに入り）、スピードが自然に上がってくるような感じになると思います。（スピードが自然に上がってくることが大切です。自分でスピードを上げようとしてスピードが上がっても、大した速さにはならないし、発揮できるパフォーマンスも高くなりません。）

④ ここまで来たら、ドリブルしながら相手をかわす**ドリブル突破(とっぱ)の動き**を行います。

　　前述した、**アクセントのあるリズムを使ったドリブル**、つまり1（ステップのみ）→ 2（ステップのみ）→ さーん（3つの身体パーツを同時に振って、リード足でボールをしっかり強くコントロールする）のリズムでの**ジグザクドリブルで相手に近づきます。**

　　そして、相手に近づいたら、『1、2、さーん』のリズムのうち、『さーん』**をカウントするタイミングで、3つの身体パーツを同時に振って、リード足でボールをコントロール（ボールタッチ）することにより、突破を行います（相手を抜きます）が、相手を抜く時は今まで以上にジグザクで動くようにします。**

　　（『さーん』で抜く前の『1、2』のステップ動作もジグザクで行うと、相手へのフェイントになります。）（図39 参照）

　これを何回も繰り返し行っていると、やはり体が勝手に動くような感じになり、相手を突破する時のスピードが桁違いに速くなると思います。（無意識のうちに、しかもすごいスピードで相手を振り切れるようになるので、『気が付いたら相手を振り切っていた！』という感じになると思います。）

図39 ドリブル突破:『さーん』をカウントするタイミングで、3つの身体パーツを同時に振って、リード足でボールをコントロール(ボールタッチ)することにより、突破を行います(相手を抜きます)が、相手を抜く時は今まで以上にジグザクで動くようにします。(『さーん』で抜く前の「1、2」のステップ動作もジグザクで行うと、相手へのフェイントになります。)

『1』のタイミングでジグザグにステップします。

『2』のタイミングでもう一度、ジグザグにステップします。

『さーん』をカウントするタイミングで、3つの身体パーツを同時に振ってリード足でボールをコントロール(ボールタッチ)する事により、突破を行います(相手を抜きます)が、相手を抜く時は今まで以上にジグザグに動くようにします。

第4章　自動操縦で運動するには　3

Attention 41

〜ジグザグ方向へのドリブルのメリット〜

ジグザク方向へドリブルすると、前述したように（ボールが体よりも先に転がりにくくなるため）ボールをコントロールしやすくなりますが、メリットはそれだけではありません。

体とボールをジグザク方向へ繰り返し動かすと、体とボールが三角形を描くような感じで移動することになります。人間は三角形を描いて移動する物体との距離を把握するのが苦手なので、三角形を描きながらドリブルすると、相手（ＤＦ）は（突破する）こちらやボールとの距離を把握しにくくなります。そうなると、こちらは相手（ＤＦ）を突破しやすくなります。（図40参照）

（サッカーの元アルゼンチン代表のマラドーナ選手やアルゼンチン代表のメッシ選手はジグザグ方向にドリブルしながら、敵のＤＦを振り切りますが、彼らのドリブルは合理的な動きだと言えます。また南米やヨーロッパのトップストライカーはゴール前に走りこんでくる時、日本のＦＷのように真直ぐに入らず、斜めに入ってくることが多いのですが、こちらも合理的な動きだと言えます。）

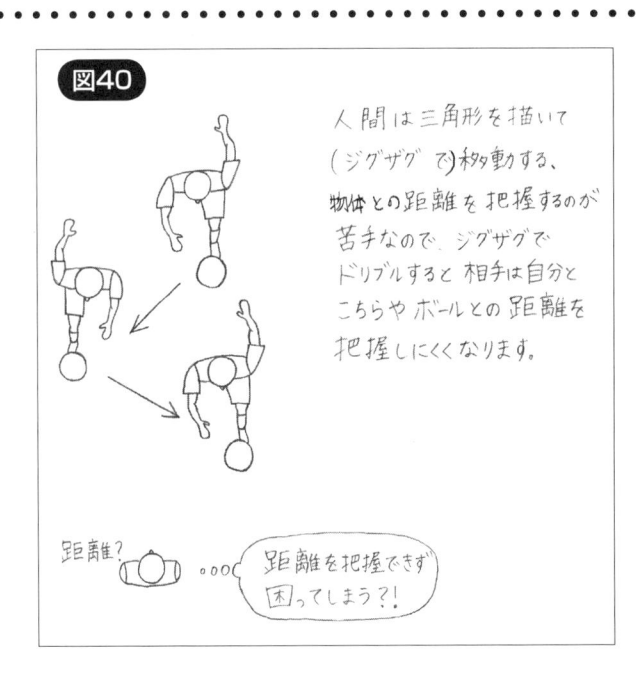

図40

人間は三角形を描いて（ジグザグ）で移動する、物体との距離を把握するのが苦手なので、ジグザグでドリブルすると、相手は自分とこちらやボールとの距離を把握しにくくなります。

距離？　…　距離を把握できず困ってしまう？！

99

⑤ 最後に、ドリブル→キック（シュートまたはパス）の連続動作を行います。
　前述した、アクセントのあるリズムを使ったドリブル、つまり

> 1（ステップのみ）→2（ステップのみ）→さーん（3つの身体パーツを同時に振って、リード足でボールをしっかり強くコントロールする）

のリズムでのジグザグドリブルでゴールに向います。
　そしてシュートを蹴るポイント（地点）に来たら、『1、2、さーん』のリズムのうち、『さーん』をカウントするタイミングで、3つの身体パーツを同時に振って、リード足でボールを蹴ることにより、キック動作を行います。
（図41参照）

第4章 自動操縦で運動するには 3

図41 ジグザクドリブルでゴールに向います。そしてシュートを蹴るポイントに来たら、『1、2、さーん』のリズムのうち、『さーん』をカウントするタイミングで、3つの身体パーツを同時に振って、リード足でボールを蹴ることにより、キック動作を行います。

『1』のタイミングでジグザグにステップします。

『2』のタイミングでもう一度ジグザグでステップします。

『さーん』をカウントするタイミングで、3つの身体パーツを同時に振ってリード足でボールを蹴ることにより、キック動作を行います。

この動きを何回も繰り返し行っていると、体が勝手に動くようになり、ドリブルしながら（動きながら）蹴ったとは思えないくらい、強くて正確なシュートを蹴れるようになると思います。

また"ドリブルしてから蹴る"のではなく"ドリブルしながら蹴る"という感じになると思います。

Attention 42

ドリブル突破の動きとドリブル→キック（シュートまたはパス）の連続動作を双方とも、自動操縦で行えるようになったら、応用が利くようになり、練習したことがない連続動作でも、しっかり行えるようになると思います。

例えば、"ＤＦを外してシュートを蹴る動き"を突然行わなければならなくなっても、『1』でフェイントして、『2』でＤＦをかわし、『さ～ん』でシュートを蹴る"という感じでアクセントのあるリズムで、しっかり相手をかわして、その後すぐに、正確で強いシュートを蹴れるようになると思います。

（3）バスケットボール

ドリブルで相手をかわす**ドリブル突破の動き**と**ドリブル→シュートの連続動作**を例に説明します。

(注)：ここで説明するドリブル動作は狭いスペースでボールをキープしている状態から開始されるドリブルです。長い距離をスピードを上げて走り込んで来るようなドリブルではないので、注意して下さい。

① 【ドリブル】まずはドリブルを行いますが、『1、2、3』という単調なリズムではなく、『1、2、さ～ん』というアクセントのあるリズムでドリブルを行います。

頭の中で『1、2』と2拍子をカウントしながら、それに合わせてボールを2回ついた後（足はリズムに合わせて自然に動く感じでいいと思います）、頭の中で『さ～ん』と長めの1拍子を強くカウントしながら、それに合わせてボールをつきながら体を移動させますが、『さ～ん』の動きを強くしっかり行うことにより『さ～ん』の動きにアクセントを置くようにします。またボールをつきながら体を移動させる時は床を蹴って動くのではなく、自分の重心をボールと一緒に動かすようにします。

第 4 章　自動操縦で運動するには　3

> 1（ボールをつく）→ 2（ボールをつく）→ さーん（ボールをつきながら体を移動させる）

の動きを何回も繰り返してドリブルを行いますが、スピードが上がってもボールをしっかりコントロールできるように、ドリブルを『真直ぐ』行わず、『ジグザグ』や『斜めに』行うようにします。（図 42 参照）

図42　頭の中で『1、2』と2拍子をカウントしながら、それに合わせてボールを2回ついた後（足はリズムに合わせて自然に動く感じでいいと思います）、頭の中で『さーん』と長めの1拍子を強くカウントしながら、それに合わせてボールをつきながら体を移動させますが、『さ〜ん』の動きを強くしっかり行うことにより『さーん』の動きにアクセントを置くようにします。またボールをつきながら体を移動させる時は床を蹴って動くのではなく、自分の重心をボールと一緒に動かすようにします。

「1」をカウントしながらボールをつきます。

⇩

「2」をカウントしながらボールをつきます。

⇩

「さ〜ん」と長めの1拍子をカウントするタイミングでボールをつきながら体を移動させますが、この動きを強くしっかり行い、この動きにアクセントをおきます。

「1」「2」「さ〜ん」の動きは全て ジグザグで行います。

103

> **Attention 43**
>
> 日本のバスケットボール選手は最短距離で目的とする場所まで移動しようと、真直ぐにドリブルする傾向があります。
>
> しかし、ドリブルを真直ぐに行うと、ボールの重さが人間の重さよりも軽いため、人間よりもボールが先に転がってしまいます。そうなると、ボールをしっかりコントロールできなくなり、アクセントのあるリズムでドリブルすることができなくなります。(ボールをしっかりコントロールできなくなるので、目的とする場所へ行くスピードも、もちろん遅くなります。)

このアクセントのあるリズムでのドリブル、つまり『1、2、さーん』のドリブルを何回も繰り返し行っていると、体が勝手に動いて(自動操縦モードに入り)、スピードが自然に上がってくるような感じになると思います。(スピードが自然に上がってくることが大切です。自分でスピードを上げようとしてスピードが上がっても、大した速さにはならないし、発揮できるパフォーマンスも高くなりません。)

② 【ドリブル突破】ここまで来たら、ドリブルしながら相手をかわす、ドリブル突破の動きを行います。

前述した、アクセントのあるリズムを使ったドリブル、つまり—

---
1 (ボールをつく) → 2 (ボールをつく) → さーん (ボールをつきながら体を移動させる)

のリズムでのジグザクドリブルで相手に近づきます。

そして、相手に近づいたら『1、2、さーん』のリズムのうち、『さーん』をカウントするタイミングで、ボールをつきながら相手をかわして突破を行います (相手を抜きます) が、この時ジグザクの動きをよりしっかり行います。また相手をかわす時は床を蹴って動くのではなく、自分の重心をボールと一緒に動かすようにします。(図43参照)

第4章 自動操縦で運動するには 3

図43

ドリブル突破

「1」をカウントしながらボールをつきます。

⇓

「2」をカウントしながらボールをつきます。

⇓

「さ〜ん」と長めの1拍子をカウントするタイミングでボールをつきながら相手をかわす事により突破を行いますが この時「ジグザグ」の動きをよりしっかり行います。

これを何回も繰り返し行っていると、やはり体が勝手に動くような感じになり、相手を突破する時のスピードが桁違いに速くなると思います。(無意識のうちに、しかもすごいスピードで相手を振り切れるようになるので、『気が付いたら相手を振り切っていた！』という感じになると思います。)

Attention 44

ジグザク方向へドリブルすると、前述したように（ボールが体よりも先に転がりにくくなるため）ボールをコントロールしやすくなりますが、メリットはそれだけではありません。

体とボールをジグザク方向へ繰り返し動かすと、体とボールが三角形を描きながら移動する感じになります。

人間は三角形を描いて移動する物体との距離を把握するのが苦手なので、三角形を描きながらドリブルできると、相手（ＤＦ）はこちらやボールとの距離を把握しにくくなります。そうなると、こちらは相手（ＤＦ）を突破しやすくなります。(図44参照)

（ＮＢＡのトップ選手は日本の選手のように真直ぐドリブルしないで、ジグザク方向にドリブルしながら、敵のＤＦを振り切りますが、彼らのドリブルは合理的な動きだと言えます。)

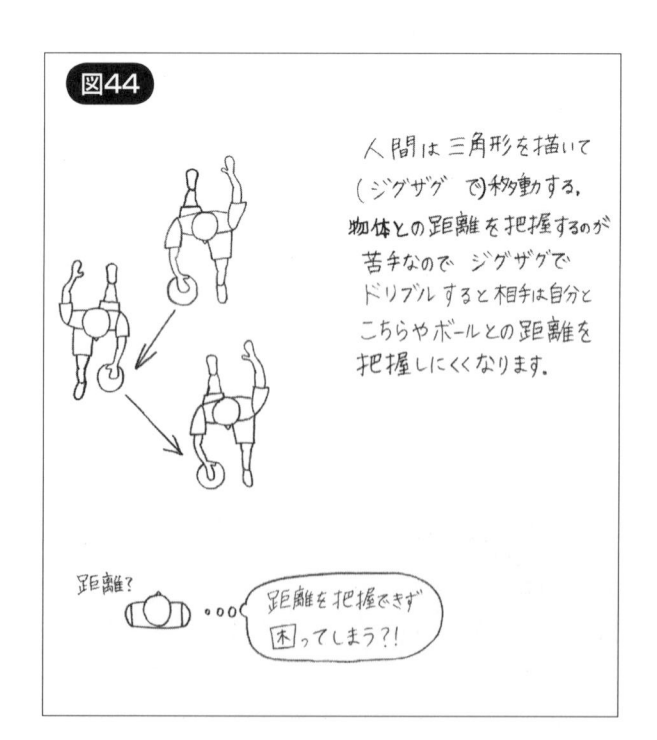

図44

人間は三角形を描いて（ジグザグ で）移動する。物体との距離を把握するのが苦手なので ジグザグでドリブルすると相手は自分とこちらやボールとの距離を把握しにくくなります。

距離？ 距離を把握できず困ってしまう？！

> ## コラム⑳
> ### アクセントのあるリズムで動くことができない日本のバスケットボール選手
>
> 日本のバスケットボール選手（他のスポーツもそうだと思いますが）はアクセントのあるリズムで動くことができません。
>
> このため、一生懸命（がんばって）速く動こうとしているわりには、動きのスピードが遅いし、ボディバランスが崩れやすく、余裕を持って周りを見ながら（周囲の状況を把握しながら）プレイすることができません。
>
> また練習量が多い割にはすぐに疲れてしまいます。
>
> 一方、NBA（アメリカのバスケットボールのプロリーグ）のトップ選手はアクセントのあるリズムでプレイすることができます。
>
> このため、（動きの）スピードを上げようとしなくても、スピードが勝手に上がってしまう感じで、低い本気度で非常に速く動くことができます。
>
> またプレイを行っている最中でもボディバランスが崩れることがないので、余裕を持って、周りを見ながら（周囲の状況を把握しながら）最適な判断のもと、プレイすることができます。
>
> アクセントのあるリズムで動くことができるかどうかで、発揮できるパフォーマンスが大幅に違ってきます。

③【ドリブル→シュートの連続動作】最後にドリブル→シュートの連続動作を行います。

前述した、**アクセントのあるリズムを使ったドリブル**、つまり――

> 1（ボールをつく）→2（ボールをつく）→さーん（ボールをつきながら体を移動させる）

のリズムでの**ジグザクドリブルでゴールに向います。**

そして**シュートを打つポイント（地点）に来たら、『1、2、さーん』のリズムのうち、『さーん』をカウントするタイミングで、跳び上がってシュートを打ちますが、跳び上がる時は床を蹴って跳ぶイメージより、体全体を上に引き上げるイメージで行います。**（図45 参照）

図45 ジグザグドリブルでゴールに向います。
そしてシュートを打つポイント（地点）に来たら、「1、2、さーん」のリズムのうち、「さーん」をカウントするタイミングで、跳び上がってシュートを打ちますが、跳び上がる時は床を蹴って跳ぶイメージより、体全体を上に引き上げるイメージで行います。

ドリブルシュート

「1」をカウントしながらボールをつきます。

⇩

「2」をカウントしながらボールをつきます。

⇩

「さ～ん」と長めの1拍子をカウントするタイミングで跳び上がってシュートを打ちます。

この動きを何回も繰り返し行っていると、体が勝手に動くような感じになり、敵のプレッシャーをかわしながらドリブルしている最中でも、正確なシュートを打てるようになると思います。

コラム㉑
個人能力の低さを組織でカバーすることしか考えない日本の集団球技

サッカーでもバスケットボールでもそうですが、日本の集団球技は**個人能力の低さを組織力でカバーすることばかり考え、個人能力を向上させること**を怠って来たと、筆者は考えています。

いや "怠ってきた" と言うよりも "個人能力を向上させる方法を誰も知らなかった。" と言った方が適切かもしれません。

(『個の低さを組織でカバーすること』を美学や教育と考えている人もいるようです)

確かに個人能力が低くても組織力を向上させれば、個人能力の割にはいい結果を出せるかもしれません。

しかし組織力だけでは、個人能力と組織力の双方を兼ね備えた本当に強い国(あるいはチーム)には勝つことはできないと思います。

Attention 45

相手のコンディションが相当悪いか、親善試合で相手が本気を出してこなければ(サッカーの親善試合で、強豪国が日本を相手に本気で挑んでくることはまずありません)、勝てるかもしれませんが、相手がベストコンディションかつ本気で挑んで来たら、勝負になりません。

世界レベルの大会(ワールドカップまたは世界選手権)で強豪国に勝って優勝を目指そうと本当に考えているのなら、組織力だけではなく、個人能力も向上させる必要があると思います。

また日本の選手の個人能力が向上すれば、代表チームが強くなるだけではありません。

国内リーグの観客動員数を増やすことも可能になるはずです。

組織力だけで戦うサッカー(あるいはバスケットボール)は1回～9回まで全てバントしかやらない野球

のようなものです。

　バントしかやらないような試合をしていたのでは、いくら経営方法を見直しても客はなかなか見に来ないと思います。

　国内リーグの人気を高めるためにも、日本人選手の個人能力を向上させるべきでしょう。

Attention 46

　サッカーやバスケットボールを子供の頃から行ってきた人なら経験があると思いますが、（試合や練習で）1対1で勝負すると、大抵の場合指導者に怒られます。

　『1対1で勝負して、もしボールを奪われでもしたら、どうするんだ！』

　『個人でやるよりも、組織でやった方がいい結果を出せる！』

　と言う感じで。

　確かに短いスパンで考えれば、個人よりも組織を優先させた方がいい結果を出せるかもしれません。（現実に少年チームの指導者のほとんどが、個を封じ組織を優先させる指導を行うことにより、自分が指導している間に結果を出そうとします。）

　しかし、いつも組織で戦い1対1での勝負を回避していたのでは、いつまでたっても1対1に強くなれない、つまり個人能力を向上させることができません。

　個人能力を向上できなければ、長いスパンで考えると強いチームは作れないと思います。

　（サッカーの日本代表はU18やU20のカテゴリーでは世界選手権でも上位に食い込むことが結構ありますが、オーバーエージつまりフル代表（ナショナルチーム）になると、世界ではなかなか勝てなくなります。少年チームの指導者が　目先の勝利に執着し、個人能力を向上させることを怠っているから、そうなってしまうのだと思います。）

Attention 47

　日本のサッカー指導者のほとんどが『1対1で勝負せず、1人の相手に対して複数の味方で対応する、数的優位を作るように！』と指導します。

　確かに狭いエリアで考えると、この方が（＝数的優位を作った方が）有利になりますが、数的優位を作れば（退場者が出ない限り、チーム全体の選手数が変わらないので）他のエリアでは数的不利（味方が手薄）になってしまいます。数的優位を作った時、味方の数が手薄になった他のエリアを使って敵に攻めて来られたら、ひとたまりもありません。簡単にゴール前までボールを運ばれてしまいます。

　数的優位はピッチ（またはコート）全体を見渡して使うことができないようなレベルの相手にしか、通用しない戦術だと言えます。高いレベルの相手と互角以上の試合をしようと思えば、1対1で負けないような個人能力を身につけ、1人の相手に対しては1人で対応できるようにならなければなりません。

　（世界のトップ選手の中には、自分1人でたくさんの敵を引きつけることにより敵の数が手薄になるスペースを作り、そのスペースを使って味方に攻めさせる選手がいますが、まさに数的優位とは正反対のプレイだと言えます。）

（4）ボクシング

相手のワンツーパンチをかわして、左のパンチを返すコンビネーションを例に説明します。

> 注：サウスポー〈右の拳を前に出して構えるスタイル〉ではなく、オーソドックススタイル〈左の拳を前に出して構えるスタイル〉の場合の動きを説明します。サウスポーの方は左右を逆にして考えてください。

```
①相手が左のパンチを打って来たら、体を右後方へウェービングさせて
  かわします。
            ↓
②次に相手が右のパンチを打ってきたら、体を左前方へダッキングさせ
  てかわします。
            ↓
③その後、体を右斜め前方へ移動させながら、左のパンチを打ちます。
```

この①②③の連続動作（コンビネーション）をアクセントのあるリズム、つまり『1、2、さーん』のリズムで行います。

『1』をカウントするタイミングで①を行い、『2』をカウントするタイミングで②を行います。そして『さーん』と長めの1拍子を強くカウントしながら、それに合わせて③を強くしっかり行い、『さーん』の動きにアクセントを置くようにしますが、**体を前後や左右に動かすのではなく、（天井から見て）三角形を描くように、動かします。**またそれぞれの動作を行う時は、頭だけを振るのではなく、重心を移動させるようにします。（図46参照）

図46

↓

「1」をカウントするタイミングで"相手が左のパンチを打って来たら、体を右後方へウェービングさせてかわします。"

↓

「2」をカウントするタイミングで"相手が右のパンチを打ってきたら、体を左前方へダッキングさせてかわします。"

↓

「さーん」と長めの1拍子を強くカウントしながら、それに合わせて"体を右斜め前方へ移動させながら、左のパンチを打ちます"この左パンチを強くしっかり打つことにより、「さーん」の動きにアクセントを置くようにします。

Attention 48

サッカーやバスケットボールの説明でも述べましたが、人間は三角形を描いて移動する物体との距離を把握するのが苦手なので、三角形を描くように体(重心)を移動させれば、相手はパンチを当てにくくなります。(図47 参照)

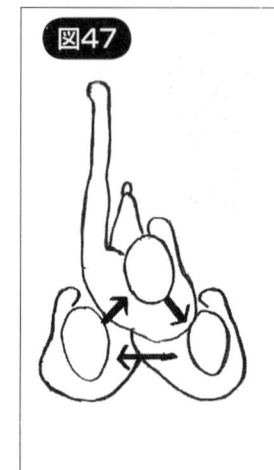

図47

人間は三角形を描いて移動する物体との距離を把握するのが苦手なので、三角形を描くように体を移動できれば、相手はパンチを当てにくくなります。

　この動きをシャドーボクシングで何回も連続して行っていると、体が勝手に動くような感じになってきて、連続動作のスピードが勝手に（スピードを上げようとしないでも）速くなり、③の左パンチがすごく強くなると思います。
　ここまで来たら、スパーリングでも、この動き（①②③の動き）を行ってみます。スパーリングでも、体が勝手に速く動くような感じになるはずです。
　そして、スパーリングで①②③とは異なる連続動作を行っても、アクセントのあるリズムで対応し、以前よりは速くパワフルに動けるようになっていると思います。

（5）フルコンタクト空手

　パンチ→パンチ→キックとワンツーパンチをさばいてキックを返すコンビネーションを例に説明します。

　　(注)　サウスポーではなく、オーソドックススタイルの場合の動きを説明します。サウスポーの方は左右を逆にして考えてください。

1）【パンチ→パンチ→キックのコンビネーション】まずは、パンチ→パンチ→キックのコンビネーションを行います。

> ①体を右方向へ回旋（回転）させて左のパンチを打つ→②体を左方向へ回旋（回転）させて右のパンチを打つ→③体を右方向へ回旋（回転）させて左のキック（回し蹴り）を蹴る

　この①②③の連続動作（コンビネーション）をアクセントのあるリズム、つまり『1、2、さーん』のリズムで行います。

　『1』をカウントするタイミングで①を行い、『2』をカウントするタイミングで②を行います。そして『さーん』と長めの1拍子を強くカウントしながら、それに合わせて③を強くしっかり行い、『さーん』の動きにアクセントを置くようにしますが、**腕や蹴り足は動かそうとしないで、体の回旋動作で全ての動きを行うようにします。**（図48参照）

図48

↓

「1」をカウントするタイミングで"体を右方向へ回旋(回転)させて左のパンチを打ちます。"

↓

『2』をカウントするタイミングで"体を左方向へ回旋（回転）させて右のパンチを打ちます。"

『さーん』と長めの1拍子を強くカウントしながら、それに合わせて"体を右方向へ回旋（回転）させて左のキック（回し蹴り）を蹴ります"
左キックを強くしっかり蹴ることにより、『さーん』の動きにアクセントを置くようにします。

> **Attention 49**
>
> 　前章（第3章）でも説明しましたが、体が異なる動作であると認識している動きを連続して行うよりも、同じ動作であると認識している動きを連続して行った方が自動操縦を作動させやすくなります。
>
> 　だからこのコンビネーションでも、腕や蹴り足を動かそうとするよりも腕や蹴り足は動かそうとしないで、体の回旋（回転）動作だけを（左右交互に）連続して行うイメージでやった方が、自動操縦を作動させやすくなります。（図49参照）

図49

腕や蹴り足は動かそうとしないで、体の回旋（回転）動作だけを（左右交互に）連続するイメージで行った方が、自動操縦を作動させやすくなります。

　このコンビネーションをシャドーボクシングで何回も連続して行っていると、体が勝手に動くような感じになってきて、連続動作のスピードが、勝手に（スピードを挙げようとしないでも）速くなり、③の左のキックが凄く強くなると思います。

2) 【ワンツーパンチをさばいてキックを返すコンビネーション】ここまで来たら、次にワンツーパンチをさばいてキックを返すコンビネーションを行います。

> ①相手の左パンチを、体を左方向へ回旋（回転）させて右腕でさばいて→②相手の右のパンチを、体を右方向へ回旋（回転）させて左腕でさばいて→③体を左方向へ回旋（回転）させて右のキック（回し蹴り）を蹴る。

この①②③の連続動作（コンビネーション）をアクセントのあるリズム、つまり『1、2、さーん』のリズムで行います。
　『1』をカウントするタイミングで①を行い、『2』をカウントするタイミングで②を行います。そして『さーん』と長めの1拍子を強くカウントしながら、それに合わせて③を強くしっかり行い、『さーん』の動きにアクセントを置くようにしますが、**腕や蹴り足は動かそうとしないで、体回旋（回転）動作で全ての動きを行う**ようにします。（図50参照）

図50

↓

「1」をカウントするタイミングで"相手の左パンチを、体を左方向へ回旋（回転）させて右腕でさばきます。"

↓

『2』をカウントするタイミングで"相手の右のパンチを、体を右方向へ回旋（回転）させて左腕でさばきます。"

↓

『さーん』と長めの1拍子を強くカウントしながら、それに合わせて"体を左方向へ回旋（回転）させて右のキック（回し蹴り）を蹴ります。"
右キックを強く蹴ることにより、『さーん』の動きにアクセントを置くようにします。

このコンビネーションをシャドーボクシングで何回も連続して行っていると、体が勝手に動くような感じになってきて、連続動作のスピードが勝手に（スピードを上げようとしないでも）速くなり、③の右のキックがすごく強くなると思います。

3）ここまで来たら、スパーリングでも、練習した2つのコンビネーション（パンチ→パンチ→キックとワンツーパンチをさばいてキックを返すコンビネーション）を行ってみます。
　そうすると、スパーリングでも、体が勝手に速く動くようになってくるはずです。
　そして、練習した2つのコンビネーションとは異なる連続動作を行っても、アクセントのあるリズムで対応し、以前よりは速くパワフルに動けるようになっていると思います。

（6）柔道

　内股（うちまた）の動きを例に説明します。

　㊟　左組み手の（左手がつり手になる）場合の動きを説明します。右組み手の（右手がつり手になる）方は左右を逆にして考えてください。
　　（つり手とは襟を持つ方の手を指し、引き手とは袖を持つ方の手を指します。）

　左つり手と右引き手を持った状態から

> ①左足を送る→②右足を送る→③相手を投げやすいと感覚的に感じるように、体全体を動かし、そのエネルギーを利用して左足で相手を跳ね上げて担ぐと同時に、左つり手と右引き手を稼動させて相手を投げる。

　③の動作を行う時は、腕や相手を跳ね上げる足の動きは意識しないで体全体を動かし、そのエネルギーを利用して、腕や（相手を跳ね上げる）足を稼動させるようにします。
　この①②③の連続動作（コンビネーション）をアクセントのあるリズム、つまり『1、2、さーん』のリズムで行います。
　『1』をカウントするタイミングで①を行い、『2』をカウントするタイミングで②を行います。そして『さーん』と長めの1拍子を強くカウントし

第4章　自動操縦で運動するには　3

ながら、それに合わせて③を強くしっかり行い、『さーん』の動きにアクセントを置くようにします。①で左足をついた位置のすぐ近くに②で右足をつくようにして、そうすることにより①から②へ移行する時間を短縮し、③で大きなパワーを発揮できるようにします。（図51 参照）

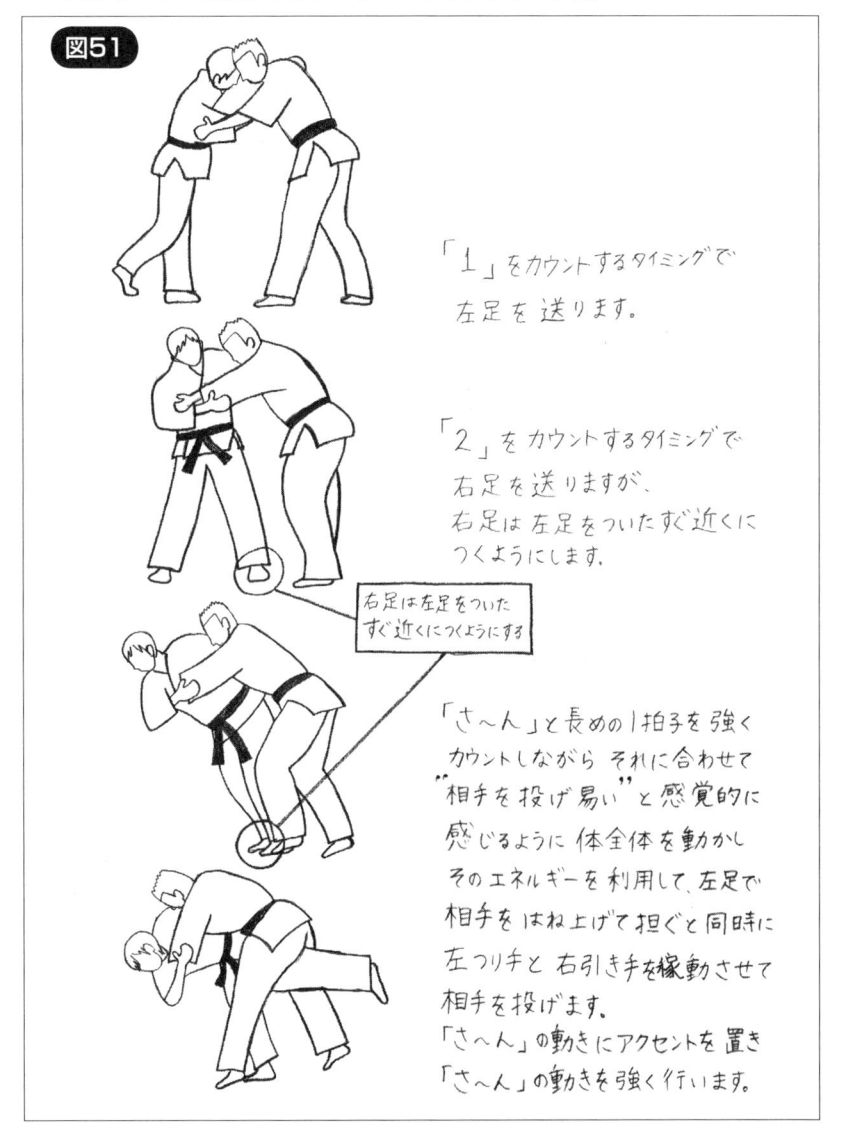

図51

「1」をカウントするタイミングで左足を送ります。

「2」をカウントするタイミングで右足を送りますが、右足は左足をついたすぐ近くにつくようにします。

右足は左足をついたすぐ近くにつくようにする

「さ～ん」と長めの1拍子を強くカウントしながら、それに合わせて"相手を投げ易い"と感覚的に感じるように体全体を動かしそのエネルギーを利用して、左足で相手をはね上げて担ぐと同時に左つり手と右引き手を稼動させて相手を投げます。
「さ～ん」の動きにアクセントを置き「さ～ん」の動きを強く行います。

Attention 50

～"アクセントリズムのパワー法則"～

①【左足を送る】から②【右足を送る】へ移行する時間を短縮できると次の③【左足で相手を跳ね上げて担ぐと同時に、左つり手と右引き手を稼動させて相手を投げる】で発揮できるパワーが自然に、しかもすごく大きくなります。筆者はこれを"ア クセントリズムのパワー法則"と呼んでいます。

これを利用できれば、連続動作で、がんばらなくても大きなパワーを発揮することができます。

この動きを何回も連続して行っていると、体が勝手に動くような感じになってきて、踏み込んでから投げるまでのスピードが、勝手に（スピードを上げようとしないでも）速くなり、相手を投げる力もすごく強くなると思います。

コラム22
激しく動き回っている時、発揮できるパワーの大きさは筋力とは関係ない！

筋力が強くなれば、運動競技で発揮できるパワーも大きくなるものと多くの人が考えているようですが、それは大きな誤りだと思います。

運動を行い動き回っている時は重心を固定し踏ん張ることができないので、筋力を使うことはほとんどできません。

ということは、筋力が強くなっても、運動中に発揮できるパワーが大きくなるわけではないのです。

運動中（動き回っている時）に発揮できるパワーの大きさは、筋力の強さではなく、アクセントのあるリズムを使うことができるかどうかで決まってきます。

だから、運動中に大きなパワーを発揮しようと思えば、アクセントのあるリズムを使って動く必要があります。

アクセント（強弱）のあるリズムを使って動き、短時間で終わるリズムの山の後に、長時間かかるリズムの山を持って来ると、長時間かかるリズムの山で非常に大きなパワーを発揮できます。（図52参照）

Attention 51

　筋力の強さが発揮できるパワーの大きさを決めるのは、運動を行い動き回っている時ではなく、体(重心)を動かさずに、止まってしっかり踏ん張っている状態の時だけです。ウェートトレーニングのベンチプレスを行っている時がこの状態、つまり重心を動かさずに、止まってしっかり踏ん張っている状態に当たります。

図52 アクセントのあるリズム

『2』のように短時間で終わるリズムの山の後に、『さーん』のように長時間かかるリズムの山を持って来ると、長時間かかるリズムの山で非常に大きな出力を出すことができます。

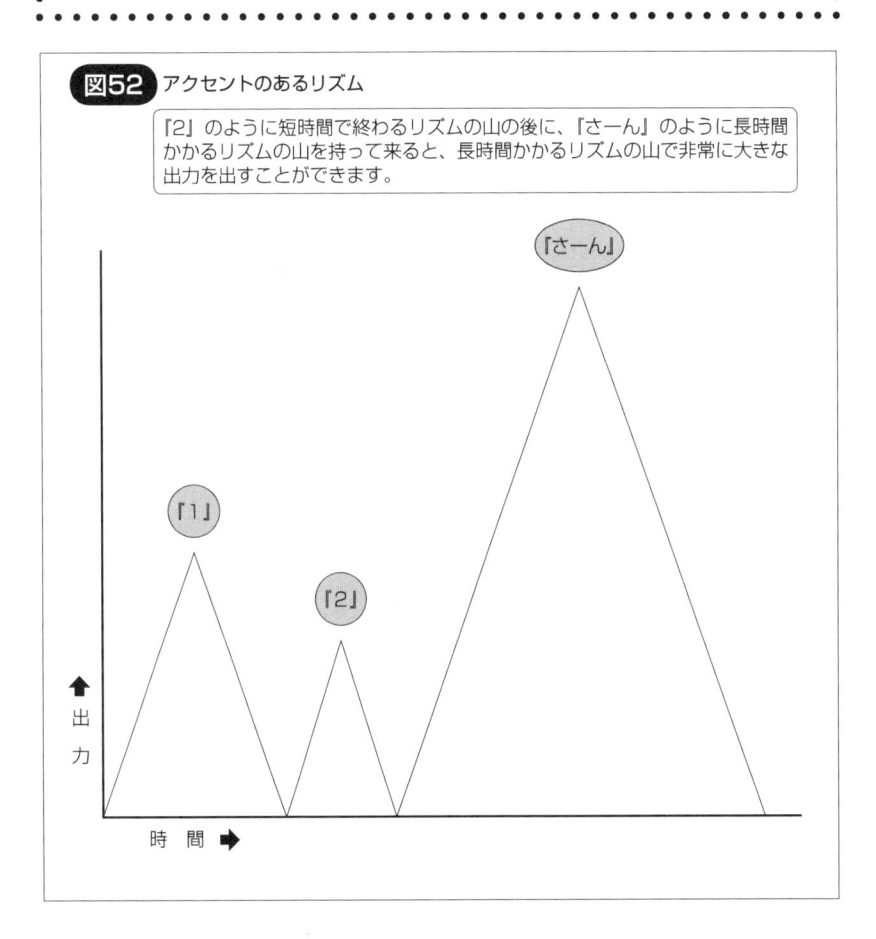

コラム㉓
食べて行くのが厳しい、スポーツ選手のコーチやトレーナー

"運動選手のコーチやトレーナー"と言えば、一見聞こえがよく（カッコよく感じます）、憧れる人が結構いると思います。

しかし、収入が低くて、なかなかそれだけ（コーチ業やトレーナー業だけ）では食べていけないというのが現状です。（低くても収入があればまだましな方で、ただ働き、つまりボランティアで指導しているコーチもたくさんいると思います。）

なぜ、運動選手のコーチやトレーナーは収入が低いのでしょうか？

なぜ、食べていけないくらいコーチやトレーナーの収入は低いのでしょうか？

日本では（アマチュアスポーツに比べて）プロスポーツの人気が高くありませんが、そのこともコーチやトレーナーの収入が低い原因の1つだと思います。

（甲子園や箱根駅伝の視聴率がプロスポーツの視聴率を凌ぐことも珍しくありません。日本人のほとんどがプロの華麗なテクニックよりも、学生が汗を流してがんばっている姿にしびれるのです。）

しかし、それだけが原因ではないと思います。

運動選手のコーチが行っていることと言えば、その競技種目で伝統的に行われてきた動き方や練習方法を選手に当たり前に指導するだけです。

（ほとんどのコーチが先輩達から引き継がれてきた伝統的な動き方や練習方法を何の疑いもなく、選手に指導しています。）

伝統的に行われてきた動き方や練習方法を指導するだけでは、選手の競技能力を桁違いに向上させることはできません。

（伝統的に教えられてきた動き方や指導方法の中にも、有効なものはあると思いますが、それだけでは競技パフォーマンスを桁違いに向上させることはできないと思います。）

また運動選手のトレーナーが現場で行える業務と言えば、チームが金をかけて連れてきた才能がある選手を壊さないようにする傷害対応（テーピングなど）やコンディショニング（マッサージなど）、それと基礎体力を養成するウェートトレーニングやストレッチ（またはPNF）の指導くらいです。

テーピングやマッサージを行ったり、

ウェートトレーニングやストレッチ（または PNF）を指導するだけでは、やはり選手のパフォーマンスを桁違いに向上させることはできません。

競技パフォーマンスを桁違いに向上させる術を持たないコーチやトレーナーに高い金銭を払うチームはない（あるいは選手はいない）と思います。

運動選手のコーチやトレーナーの収入が低いのは、彼ら（彼女ら）が競技パフォーマンスを桁違いに向上させる術を持っていないため、"特別な仕事"（競技パフォーマンスを桁違いに向上させる仕事を筆者は**"特別な仕事"**と呼んでいます）を行うことはできないからだと筆者は考えています。

Attention 52

運動選手のトレーナーを目指して、毎年たくさんの人が社会体育の専門学校（スポーツトレーナーを養成する専門学校）に入学してきます。

しかし、卒業後ほとんどの人が『運動選手の指導では食べていけない』という現実を知り、他のトレーナー業（スポーツクラブのトレーナー、高齢者に運動を指導するトレーナーなど）や整体師などに進路を変更したり、トレーナーを養成する講習会や専門学校（社会体育の専門学校）の講師になってしまいます。

（トレーナー業界は"トレーナーはなかなか食べていけないのに、トレーナーを養成する講習会や専門学校の講師は食べて行ける"という不思議な業界です。トレーナーを目指していた多くの人が挫折し、トレーナーになる夢を諦めてトレーナーの先生になってしまいます。）

念願の運動選手のトレーナーになれた人でも『収入は低いが好きでやっている仕事だから』と言って人並みの生活は期待していません。悲しいことですが、これがトレーナー業界の現状です。（著者は以前に社会体育の専門学校で講師をやっていましたので、この現状がよく分かります。）

もしコーチやトレーナーが選手の競技パフォーマンスを桁違いに向上させる術を身につけ、**"特別な仕事"**を行えるようになれば、彼ら（彼女ら）の収入は間違いなく増えるはずです。

コーチやトレーナーが特別な仕事を行えるようになれば、彼ら（彼女ら）の収入が増えるだけではありません。スポーツ界を変えることができると思います。

スポーツチームは才能がある選手に金をかけるよりも、誰でも（才能が無い選手でも）強くできるコーチやトレーナーに金をかけるようになるでしょう。

そうなれば、コーチやトレーナーは日の当たらない雑用係からスポーツ界の救世主に変わることができるはずです。

コラム24
スタンス（足幅）を広げて構える日本のサッカーやバスケットボールの選手

　サッカーやバスケットボールの日本の指導者のほとんど（全員と言っても過言ではない）が、選手に両脚を左右に大きく開いて腰を低く落として構えるように指導します。

　このため、日本のほとんどの（サッカーやバスケットボールの）選手が、**両脚を左右に大きく開いて構えます。**

　両脚を左右に大きく開いて構えると、一見体が安定してよさそうですが、動くために片足を挙げると（プレイを始めるためにはどちらかの足を挙げなければなりません）ボディバランスが大きく崩れてしまいます。

　（実際にやって見れば分かりますが、両脚を左右に大きく開いて立つと、足の接地位置が重心から遠く離れてしまうため片足を挙げた時、ボディバランスが崩れやすくなります。）

　止まっている時は体がどっしり安定していても、動き出すとボディバランスが崩れてしまうようでは、高いパフォーマンスを発揮することはできません。

　（ボディバランスが崩れてしまうと、"速く動けない" "プレイの精度が低くなる" "周りが見えなくなる" とマイナスの3拍子が揃ってしまいます。）

　海外のトップ選手で両脚を左右に大きく開いて構える選手はまずいません。

　彼ら（彼女ら）は皆狭いスタンスで構えてプレイするので、動き回ってもボディバランスが崩れることがありません。

　動き回ってもボディバランスが崩れないと、"速く動ける" "プレイの精度が高くなる" "周りがよく見える" とプラスの三拍子が揃って、高いパフォーマンスを発揮することができます。

　筆者の指導例のサッカー選手はスタンス（足幅）を狭くして構えたら、それだけで全てのパフォーマンスが高くなりました。

　（いつも広いスタンスで構えていると、骨盤が外側に開いてしまうという問題も発生します。そうなると、速く動けなくなるし、重心を坐骨に乗せていても自動操縦を使うことが

第4章　自動操縦で運動するには

できなくなります。
　外側に開いてしまった骨盤を内側に閉じる方法に関しては、筆者の前著『スーパーアスリートへの方程式　スプリント版』（有朋書院）P102〜P105を参考にして下さい。）

Attention 53

　相撲の四股でも踏むかのように、両脚を左右に大きく開いて腰を低く落として歩くことにより足腰を強化している（？）バスケットボール選手が日本にはいますが、このような選手は海外にはまずいません。日本の指導者は『日本人には日本人に合ったやり方があり、日本人はそれをやった方がいい！』とよく口にしますが、これも**日本人に合ったやり方（？）**なのでしょうか？

日本人に合ったやり方〜特別注記

　『日本人は白人、黒人、ラテン系人種などとは肉体的に（骨格、筋肉の質〈？〉などの面で）違うから、彼らと同じやり方（動き方や戦術など）でやってもダメだ！日本人には日本人に合ったやり方があるので、それを行うべきだ！』と日本では多くの指導者が主張し、"日本人に合ったやり方"でやるように選手に指導します。

　陸上短距離では多くの指導者が"日本人に合った走り方"で走るように指導するし、バスケットボールやサッカーではほとんどの指導者が"日本人に合った動き方"でプレイして、"日本人に合った戦術"で戦うように指示します。

　しかし、男子100m走では、世界記録は毎年更新されているのに、日本記録は何年も更新されておらず、日本と世界との差は縮まるどころか広がる一方です。

　バスケットボールやサッカーでも日本は世界に追いつくどころか、世界から置いていかれているという状況です。

　"日本人に合ったやり方"でやっている限り、いつまでたっても世界には通用しないと思います。

コラム25

関節可動域を広げれば、パフォーマンスも向上するのか？

　現在では非常に多くの方がPNFなどのストレッチを行い、関節可動域の改善に努めています。

　関節可動域を広げることは傷害を予防する上ではとても大切なことだと思います。

　特に股関節周りの筋肉（ハムストリングス、大腰筋など）をストレッチすることは傷害を予防する上では重要で、これらの筋肉を十分ストレッチすると、腰痛を予防することができます。

　（股関節周りの筋肉の可動域に左右差[※35]があると、骨盤が歪み腰痛になりやすくなります。腰痛の原因のほとんどが、股関節周りの筋肉の拘縮[※36]と思われます）

　では関節可動域を広げると、運動競技のパフォーマンスも向上するのでしょうか？

　こちらは"No."だと思います。

　現在取り組んでいる競技の動作を正確に行えないほど体が硬ければ話は別ですが、競技動作を正確に行えるだけの柔軟性がある人が、関節可動域をさらにそれ以上広げたからといって、パフォーマンスが向上するわけではないと思います。

　筆者は実際に何人かの選手を対象に、関節可動域の改善とパフォーマンスの向上の関係を調べてみましたが、関節可動域が広がっても、パフォーマンスが向上した人は1人もいませんでした。

　（背骨の柔軟性だけは例外で、背骨が柔らかくなるとパフォーマンスがすごく高くなります。ボルト選手は骨盤が内側に閉じていて背骨が非常に柔らかいですが、彼のように骨盤が内側に閉じていて背骨が柔らかければ、図2のような姿勢ではなく腰椎を前弯させていても重心を坐骨に乗せることができます。）

※35 左右差（筋肉の可動域の左右差）：左右の筋肉のうちのどちらかが収縮しっぱなしになり、短く硬くなってしまった状態
※36 拘縮：筋肉の持続性収縮（筋肉が収縮しっぱなしになり、短く硬くなってしまった状態）

Attention 54

　陸上競技場へ行くと、大学や高校の陸上部の短距離選手のほとんどがハードルを跨ぐドリルを行い、股関節の可動域の改善に努めています。（走っている時間よりも、ハードルを跨ぐドリルを行っている時間の方が長い短距離選手も結構います。）

　しかし、ハードルを跨ぐドリルを行うことにより、足が速くなった人は、筆者のクライアントの中には1人もいません。

終 わ り に

　『スーパーアスリートへの方程式シリーズのスプリント版（運動会でびりだった人をワールドクラスのスプリンターにする本）』を 2006 年 5 月 27 日に上梓させて頂きましたが、当初はスプリント以外の競技パフォーマンスを向上させる本も続けて出版させて頂く予定でした。

　ところが、本業（運動の個別指導）の方が忙しく、なかなか執筆する時間をとることができないでいるうちに、気がついたら 2 年以上の歳月が経っていました。

　2009 年に入り、"スプリント以外の競技パフォーマンスを向上させる本も早く出して欲しい！"と言う御要望を多くの方から頂き、重い腰をあげ、執筆活動を開始しました。

　日中は本業をこなし、夜中に執筆するというハードな生活を続け、何とか本書を書き上げることができましたが、その間筆者自身は運動する時間をほとんど（全くと言っていいほど）とることができず、（本書を書く前には）5.17 秒だった筆者の 50m 走のタイムは 5 秒台後半まで落ちてしまいました。

　様々な苦労の末に書きあげた本書ですが、読者の皆様が本書を活用することにより競技能力を飛躍的に向上させ、後天的にも桁違いに強くなれることを証明して頂ければ、筆者としては最高です。

　『運動指導のノウハウを本でそんなにたくさん公開してしまって大丈夫なのですか？』と言う質問を時々頂きます。

　しかし、筆者は試行錯誤を繰り返しながら指導方法を日々改善しており、今日現在、最高の走り方（あるいは投げ方 etc.）は数ヶ月先には最高の走り方（あるいは投げ方 etc.）ではなくなっている可能性が高いと思います。

　（指導方法は日進月歩で進歩していると自負しております。）

　ですから、本書が発売になる頃には、本書に書かれている内容とは異なるやり方で指導を行っている可能性があり、ノウハウを隠しても意味が無いように思います。

　（勉強する科目にもよりますが、学校の授業で何年間も同じ教科書が使われて

いるということが、筆者には信じられません。)

　最後に本書がこのような形になるにあたって、強力にバックアップしてくれました井田総合研究所の井田真一社長、Office Eの海老澤昭芳さんならびにイラストレーターの福島加奈子さん、有難うございました。

　また筆者が指導でお伺いさせて頂いている、フルコンタクト空手の正伝流中村道場の中村清志先生、撮影場所を提供して頂き、有難うございました。

　私の教え子でありストレングスコーチとして活躍する村瀬慎君、須藤慎輔君、布施川謙介君、鈴木善雅君、赤堀彰君、斉藤健作君、下田洋平君、ならびに正伝流中村道場の道場生である福間寛敦君、成井正彦君、吉野真貴君、荒川拓弥君、小野悠太君、宇津木竜馬君、撮影に協力して頂き有難うございました。

　御協力頂きました、皆さんに感謝の気持ちを込めてお礼申し上げます。

　相　川　宗　大

(著者のプロフィール)

相川　宗大（あいかわ　むねひろ）

1966年　東京都出身
駒澤大学経済学部　卒業

スポーツ選手の競技パフォーマンスを向上させるスペシャリストであるが、指導した時間に対して、報酬を受け取る通常のコーチやトレーナーと異なり、指導した結果に対して報酬を受け取る業界でも例を見ない**成功報酬制**※を採用しているストレングスコーチである。

※成功報酬制：指導した時間に対して報酬を受け取る通常のトレーナーやコーチと違い、指導した結果に対して報酬を受け取る指導システムです。具体的な目標（例えば、100m走のタイムを12.3秒→10.8秒まで1.5秒短縮する。ピッチングの球速を115km／h→145km／hまで30km／hスピードアップさせる。3年以内に全日本チャンピオンにする等）を設定して指導し、目標が達成された時だけ報酬を受け取りますが、もし目標を達成出来なければ、指導者は何千時間指導しても、ただ働きとなってしまいます。

★著者は肩書きや過去に指導した選手の名前で仕事をしている運動指導者ではなく、指導しているクライアントのパフォーマンスを引き上げることができるかどうかで報酬を頂いているストレングスコーチです。だから、著者には肩書きや過去に指導した選手の名前をプロフィールに羅列する必要はありません。

個別指導

スポーツ選手の競技パフォーマンスを向上させる個別指導を相川宗大が直接行っております。（全ての競技が指導の対象となります）

指導を希望される方や指導に関する御質問がある方は下記まで御連絡願います。

Email : aak@w3.dion.ne.jp

また下記ＷＥＢＳＩＴＥのコラムで運動に関する情報を定期的に提供しておりますので、興味がある方は御覧下さい。

http://www.k4.dion.ne.jp/~a2a2k2

【編集スタッフ】

編　　集	海老澤昭芳
装　　丁	積　孝司
イラスト	福島加奈子
撮影協力	正伝流空手道　中村道場

図 解 一 覧

No.	図 解 要 旨	page
1	坐骨の図解	25
2	重心を坐骨に乗せて立ち、全身を脱力させる	26
3	股関節の図解	27
4	重心を股関節に乗せて立つと、足がフリーでなくなる	27
5	腰椎の図解	28
6	腰椎の前弯（＝腰椎を前に反らすこと）	29
7	重心が腰椎に乗ると、腹筋や背筋が力み……	29
8	重心が腰の乗った状態で運動を行うと、……	30
9	重心が坐骨より後に乗ると、……	31
10	腰仙関節の図解	32
11	腰を真直ぐにすると体の力みを生む	32
12	自動操縦で動くには、全身を完全にリラックスさせる	33
13	背筋を力ませ体重を腰に乗せる"気をつけの姿勢"では	35
14	肩甲骨とゼロポジションの図解	41
15	ハムストリングスの図解	42
16	大腰筋（腸腰筋）の図解	43
17	バーベルスクワットのトレーニングを繰り返すと、……	46
18	両腕をしっかり振る片足スクワット	47
19	スプリント；スタート	49
20	スプリント；スタート後の2歩目以降	52
21	サッカー；ボールを扱わない時の方向転換	58
22	サッカー；トラップ、ドリブル、キック	61
23	サッカー；ボールを扱いながらの方向転換	62
24	バスケットボール；ドリブルの開始	67
25	バスケットボール；ドリブルの継続	68

26	バスケットボール：ドリブルでの方向転換	69
27	ピッチング：ステップ動作	72
28	ピッチング：3つの身体パーツを外側に広げた後	73
29	ピッチング動作のスタート〜終わりまで	74
30	ベンチプレス：このトレーニングを繰り返すと、…	76
31	並進エネルギー；両肩を壁につけてパンチを打つと、	77
32	ウェートトレーニング；多関節運動と単関節運動	81
33	ラダートレーニングの図解	83
34	三角筋の図解	92
35	広背筋の図解	92
36	スプリント：三角筋を使って腕を前に振ると、…	93
37	スプリント：広背筋を使って腕を前に振ると、…	94
38	サッカー：ドリブルはジグザグ方向に	96
39	サッカー：ドリブル突破	98
40	サッカー：ジグザグ方向へのドリブルのメリット	99
41	サッカー：ドリブル→キックの連続動作	101
42	バスケットボール：ドリブル	103
43	バスケットボール：ドリブル突破	105
44	バスケットボール：ジグザグ方向へのドリブルのメリット	106
45	バスケットボール：ドリブルシュート	108
46	ボクシング：パンチをかわしてパンチを返すコンビネーション	112
47	ボクシング：三角形を描くように体を移動させれば、	114
48	空手：パンチ→パンチ→キックのコンビネーション	116
49	空手：体の回旋動作の連続をイメージするコンビネーション	118
50	空手：パンチをさばいてキックを返すコンビネーション	120
51	柔道：内股の連続動作	123
52	アクセントのあるリズム	125

INDEX

A〜Z

agility training ·· ※2（P8）
biomechanics ··· ※5（P8）
hamstrings ··· ※17（P42）、図15（P42）
isometric contraction ·· ※26（P82）
ladder training ······················ ※27（P82）、Attention33（P82）、図33（P83）
PNF ·· P8、※4（P8）
stabilization training ····································· P8、※3（P8）、コラム12（P56）

あ 行

アイソメトリクス的な収縮 ·· ※26（P82）
アクセント（強弱）のあるリズムでプレイする方法 ··· P89
アクセントリズムのパワー法則 ··· Attention50（P124）
アジリティトレーニング ·························· P8、※2（P8）、※30（P87）
ウェートレーニング ····························· P8、※1（P8）、コラム15（P75）

か 行

解剖学 ··· ※19（P44）
胸椎 ··· ※13（P31）
筋肉の可動域の左右差 ····················· コラム25（P130）、※35（P130）
肩甲棘 ·· ※15（P40）、図14（P41）
肩甲骨 ·· ※16（P40）、図14（P41）
コア（体幹） ·· ※31（P87）
拘縮 ··· コラム25（P130）、※36（P130）
広背筋 ·· ※34（P91）、図35（P92）
股関節 ·· ※10（P27）、図3（P27）

さ 行

坐骨 ·· ※9（P25）、図1（P25）
サッカーでの（自動操縦の）実施方法 ················ P57〜66、図21〜23（P58〜62）
左右差（筋肉の可動域の左右差） ····················· コラム25（P130）、※35（P130）
作用 ··· ※22（P63）
三角筋 ·· ※33（P91）、図34（P92）

ジグザグ方向へのドリブルのメリット ………………	Attention41（P99）、図40（P99）
	Attention44（P106）、図44（P106）
自動操縦 ……………………………………………………………………………	P13
〜自動操縦でプレイするメリット ……………………………………………	P13
〜自動操縦の具体的な実施方法 ………………………………………………	P47
〜自動操縦マスターの基本的な考え方 ………………………………………	P23
〜自動操縦を妨害する最大の要因 ……………………………………………	P23
収縮指示 ………………………………………………………………	Attention2（P15）
重心 ……………………………………………………………………………	※8（P25）
〜重心が坐骨より後にきている場合 ………………………………	P31、図9（P31）
〜重心が腰に乗ることによるその他の弊害 ……………	Attention8（P30）図8（P30）
〜重心の正しい位置 ……………………………………………………………	P25
〜重心の正しいとり方 ……………………	P33〜35、図12（P33）、Attention10（P34）
〜重心の間違った位置 ………………………	P28、Attention7（P26）、図4（P27）
	Attention8（P30）
〜重心を坐骨の真上に乗せる練習 ……………………………………………	P36〜37
手動操縦 ……………………………………………………………………………	P15
〜手動操縦でプレイするデメリット …………………………………………	P15〜17
身体パーツ ………………………………………………………………	※7（P13）
スタビライゼーショントレーニング …………………	P8、※3（P8）、コラム12（P56）
成功報酬制 ………………………………………………………	P10、※6（P10）
生体力学（バイオメカニクス） …………………………………	P8、※5（P8）
ゼロポジション …………………………	※15（P40）、図14（P41）、Attention30（P77）
全身をリラックスさせる方法 …………………………………………………	P24

た 行

体幹（コア） ………………………………………………………………	※31（P87）
大腰筋 ………………………………………………………………	※18（P43）、図16（P43）
多関節運動 ………………………………	※25（P80）、図32（P81）、Attention32（P82）
単関節運動 …………………………………………………	※24（P80）、図32（P81）
超回復 ……………………………………………………………	Attention21（P56〜57）
腸腰筋 ………………………………………………………………	※18（P43）、図16（P43）
椎骨 ………………………………………………………………………	※13（P31）
特定部位を単独で動かすトレーニングの問題点 ………………………………	P40
特別な仕事 …………………………………………………………	コラム23（P126〜127）

は 行

バーベルスクワット ………………………………………………………	※20（P45）
〜下半身の筋力強化のためのおすすめスクワット ……	コラム9（P46）、図18（P47）

バイオメカニクス ……………………………………………… ※5（P8）
バスケットボールの（走りこむ）ドリブル動作での（自動操縦の）実施方法
　…………………………………………………………………… P66〜70
ハムストリングス ………………………… ※17（P42）、図15（P42）
反作用 ……………………………………………………… ※22（P63）
ピーエヌエフ ………………………………………… P8、※4（P8）
ピッチングにおける（自動操縦の）実施方法 …………… P70〜80
ピッチングにおけるゼロポジション ……………… Attention30（P77）
負の自動操縦 ………………………………………… 特別注記（P38）
並進エネルギー ………………… ※23（P70）、図29（P74）、Attention29（P76）
ベンチプレス ……………………………… コラム15（P75）、図30（P76）

ま 行

3つの身体パーツ ………………… P51、Attention18（P52）、P70、Attention27（P71）
無酸素運動 ……………… コラム17（P83〜84）、Attention35（P84）、※28（P84）

や 行

有酸素運動 ……………… コラム17（P83〜84）、Attention35（P84）、※29（P84）
腰椎 ………………………………………… ※11（P28）、図5（P28）
　〜腰椎を前弯 …………………………… ※12（P28）、図6（P29）
腰仙関節 …………………………………… ※14（P31）、図10（P32）

ら 行

ラダートレーニング ………………… ※27（P82）、Attention33（P82）、図33（P83）
リズムを使った動きの必要性 ……………………………………… P85
リラックス（全身をリラックスさせる方法）……………………… P24

部活で補欠だった人をワールドクラスの選手にする本

スーパーアスリートへの方程式　全競技向け
2010年4月28日　　第1刷発行

著　者　　相川宗大（あいかわ　むねひろ）
発行者　　井田　真一
発行元　　有限会社井田総合研究所
　　　　　〒270-1166　千葉県我孫子市我孫子2-5-345
　　　　　TEL 04-7183-2217　FAX 04-7183-2217
発売元　　株式会社教育評論社
　　　　　〒103-0001　東京都中央区日本橋小伝馬町2-5　F・Kビル
　　　　　TEL 03-3664-5851　FAX 03-3664-5816
印刷所　　有限会社ケイ・ツー社

ISBN 978-4-905706-51-9　　　　　　Ⓒ Munehiro　Aikawa　2010 Printed in Japn